EXTRAIT DE LA REVUE DES DEUX
LIVRAISON DU 1ᵉʳ NOVEMBRE 1834.

DE

LA RÉFORME

COMMERCIALE.

L'opinion publique est enfin et décidément saisie de la question de la réforme commerciale ; grace aux faits, qui, depuis quelques mois, ont surgi de toutes parts, l'impossibilité de reculer plus long-temps la loi de douanes, ou de la borner à quelques insignifiantes modifications, devient évidente ; ce n'a pas été sans fruit pour tous que cette loi s'est promenée de sessions en sessions, depuis 1829, également ajournée par les législatures d'avant et d'après Juillet. Ces longs retards, sans doute, ont plus fortement assis certains intérêts hostiles à l'intérêt général ; tout ce qui s'appuie sur le système prohibitif s'est, pendant ce temps, ancré davantage dans le sol; les bases d'une vaste coalition ont pu être jetées entre les industries protégées ; mais l'opinion publique a marché plus vite encore que cette conjuration de priviléges, et aujourd'hui elle en est venue à ce point qu'elle

1

regarderait à l'égal d'un déni de justice un nouvel ajournement de la loi de douanes, ou une loi pareille à celles qui, successivement, ont été présentées par MM. de Saint-Cricq, d'Argout et Thiers.

Au surplus, voici venir une chambre ayant cinq ans devant elle, et qui, dans l'impossibilité où le pays se sent encore de résoudre aucune des graves questions sociales qui fermentent depuis quelques années, a reçu pour mission de combler le déficit financier, chose impossible si de nouvelles sources ne sont pas ouvertes à l'industrie et au commerce. Elle sera guidée dans cette partie de son travail par un ministre qu'accompagne la confiance publique, qui a derrière lui des écrits significatifs en faveur de la liberté commerciale, et devant lui un bel avenir, s'il demeure ferme dans la ligne que lui tracent ses anciennes convictions : ce sont là sans doute de bons élémens d'une loi de douanes ; mais le plus puissant de tous, je le répète, c'est l'état de l'opinion.

Ce progrès accompli parmi nous, il n'est pas possible de le nier aujourd'hui, en présence de l'intérêt général et grave qu'obtient de tous côtés l'enquête récemment ouverte par M. Duchâtel. Si, d'ailleurs, l'opinion publique avait eu quelque chose encore à apprendre sur ce point, l'attitude prise par quelques-unes de nos villes manufacturières, leurs exigences si naïvement empreintes de tout ce que l'intérêt privé peut présenter de plus exclusif, les menaces de quelques-unes, les plaintes de la presque unanimité d'entre elles sur l'assiette de l'impôt, et sur les bases fondamentales en elles-mêmes du système douanier, suffiraient pour achever d'éclairer le pays.

On peut donc affirmer que la pensée de la réforme commerciale est définitivement installée parmi nous. Mais quelles en seront les bases et les limites ? Par où commencer ? Où s'arrêter ? Quel terme fixer pour l'accomplissement de la réforme, et dans ce terme, quelles gradations adopter ? Questions difficiles, irritantes, qu'on ne peut agiter sans répandre l'inquiétude dans les ateliers, sans apporter du trouble dans les relations commerciales, sans éveiller les ruses de l'intérêt privé, sans demander compte de secrets, ou de fautes, ou de profits qu'on s'était habitué à envelopper de mystères. Mal incontestable, et moins incontestable cependant, moins sérieux, moins profond, que le *statu quo*, que le maintien pur et simple de ce système d'inégalité, de priviléges, de retardement et de guerre entre les nations, qu'on appelle *système protecteur*, ou *prohibitif*, ou *restrictif*, ou *douanier*.

Quelques mots d'explication d'abord sur ces différens termes.

Les défenseurs du système douanier posent en principe que le gouvernement doit protection à l'industrie ; que cette protection consiste à réserver à l'industrie nationale le marché intérieur, but que l'on atteint, soit en *prohibant* à l'entrée le produit étranger similaire, — ainsi sont prohibés aujourd'hui à l'entrée, en France, les draps, lainages, poteries, verreries, cristaux, plaqué, fils de coton, fabriqués hors de France, — soit en frappant les produits étrangers de certains droits qui en élèvent le prix à la frontière au taux où s'y vendent les produits similaires nationaux. Ces droits, perçus au moyen de tarifs de *douanes*, sont appelés droits *protecteurs*; on voit qu'ils *restreignent* la concurrence étrangère; on les appelle aussi pour cette cause droits *restrictifs*.

Selon quelques partisans de la liberté commerciale, c'est-à-dire de l'absence de droits de douanes, restreignant ou empêchant la concurrence des diverses nations entre elles, une prohibition ou un droit protecteur sont choses identiques entre elles, et d'effet absolument semblable. Dans la dernière commission de la chambre des députés, chargée d'examiner le projet de loi de M. Thiers, la minorité a, sur ce point, consigné son opinion en ces termes :

« Les membres de la minorité regardent le système raisonné de protection, au moyen de droits modérés ou sagement pondérés, comme une vaine théorie; car, selon eux, une taxe n'est protectrice que si elle est assez élevée pour écarter la concurrence étrangère, en couvrant toute la différence des prix aux lieux de consommation; ce système prohibe de fait; sinon, il ne protège pas; il est donc absolu dans tous ses cas d'application; or, le système prohibitif est un privilége attribué à certaines classes d'industries; il est nuisible au développement naturel de celles qui ne sont pas protégées, nuisible aux intérêts des consommateurs, nuisible aux contribuables en privant le fisc de ses occasions de perception, nuisible aux protégés eux-mêmes réduits aux moindres profits par la concurrence des producteurs intérieurs, sous une condition de prix relativement élevée qui les exclut de tous les marchés étrangers; de telle sorte qu'en tous pays, les industries ont partout et de tout temps prospéré en raison inverse de la protection effective des tarifs, et en raison directe de la liberté dont elles ont joui. »

Je crois qu'il y a ici exagération; il est certaines industries pour lesquelles une prohibition absolue du produit étranger est différente, sans aucun doute, de l'admission sous un certain droit; ainsi les draps et poteries : la contrebande est difficile pour ces articles, et la prohibition empêche d'une manière à peu près absolue l'entrée des draps et poteries étrangères. Il est d'autres industries, et c'est le cas le plus général, pour lesquelles le droit restrictif n'équivaut pas à une prohibition de fait. Par exemple, le droit restrictif imposé sur les houilles étrangères à leur en-

trée par mer, équivaut à plus de 25 p. 100 du prix des houilles de l'intérieur, rendues à nos ports de mer, et cependant les houilles étrangères
entrent pour plus d'un tiers dans notre consommation. Le droit restrictif
n'est donc pas ici complètement exclusif de la concurrence étrangère ; il
laisse nos exploitations soumises à une excitation plus vive par la rivalité
de l'Angleterre et de la Belgique, que ne ferait une prohibition. La minorité de la commission a donc évidemment exprimé son opinion en
termes trop absolus.

Mais, au fond, son opinion est parfaitement juste ; la protection par les
taxes, la pondération des tarifs est une mauvaise théorie. Ce sont choses
ruineuses et rétrogrades, bien qu'à un degré différent, que les prohibitions
et les restrictions. En principe, il est impossible de proscrire les unes
sans condamner les autres. Elles ont la même origine, et tendent au
même but ; ce sont deux expressions plus ou moins forcées de la même
pensée, deux modes de réalisation plus ou moins absolus du même système, de ce système qui consiste à protéger l'industrie, non pas par une
impulsion directe et féconde de l'industrie nationale, mais par la *répul-*
sion de l'industrie étrangère. Cette répulsion est plus ou moins complète ;
mais il en résulte également un prix factice du produit ainsi protégé,
prix variable bien plutôt en raison des erreurs ou des caprices du tarif,
que des richesses naturelles du territoire, ou du génie des habitans, ou
des progrès suscités par la concurrence intérieure.

La nouvelle école économique est d'autant plus portée à refuser la dénomination de système protecteur au système qui protège par les douanes,
les prohibitions et les restrictions, qu'à la place de ce système négatif,
répulsif, restrictif, elle conçoit un autre système dont le gouvernement,
c'est-à-dire la législature, l'administration et les autorités locales, auraient,
chacune dans leur sphère, l'initiative, système qui mettrait le territoire
en valeur, et féconderait toutes les forces vives et matérielles de la société
et du pays, en agissant directement sur elles, et non en perpétuant par
les douanes la guerre qui a si long-temps retardé et entravé les sociétés
européennes.

Mais avant d'arriver au développement de cette idée, il faut montrer
que le système restrictif tombe et périt chez les peuples les plus avancés,
chez nous et hors de nous. Interrogeons donc d'abord l'Angleterre, l'Allemagne, les États-Unis, l'Espagne, la Suisse ; puis notre histoire et les
faits surtout, accomplis depuis quatre ans, et qui ont amené les circon-
stances au milieu desquelles se produit l'enquête actuelle. Ainsi nous
aurons montré comment la réforme commerciale est devenue chez nous
question de premier ordre. Il nous restera à dire comment, pour la réa-

liser rapidement et sans secousses, un système réellement protecteur doit succéder au système restrictif.

C'est l'Angleterre qui a pris l'initiative de cette réforme, et qui, après avoir poussé plus loin qu'aucune nation le système des prohibitions et des restrictions, travaille aujourd'hui avec non moins de constance et de vigueur à l'affranchissement industriel, soit chez elle, soit au dehors. Ce changement dans la politique commerciale de l'Angleterre a été l'objet de critiques fort spécieuses de la part des partisans du système restrictif. « L'Angleterre, ont-ils dit, après s'être créé une puissante industrie par un système de douanes répulsif de toute concurrence étrangère, parvenue à une incontestable supériorité industrielle, abaisse des barrières qui ne lui sont plus nécessaires, et appelle les autres nations à l'imiter, sûre qu'elle est alors de les envahir. » Ce mode d'argumentation, qui ranime le vieux levain que nourrissent encore, parmi nous, les générations de la Révolution et de l'Empire contre la *perfide Albion*, n'a pas manqué de succès; mais ce genre de succès est de ceux, chez nous, qui passent le plus vite. Depuis que nous ne nous croyons plus si Romains, nous ne croyons plus tant aussi à la nouvelle Carthage.

La réforme économique est contemporaine et solidaire en Angleterre de la réforme politique; elles marchent de front, se prêtant l'une à l'autre un mutuel secours; les bourgs pourris et les prohibitions, les monopoles électoraux et les monopoles industriels, l'Angleterre n'en veut plus. Cette réforme économique, qu'on présente comme une embûche tendue aux autres nations, est si bien chez elle inspirée par le progrès et l'élan général de l'opinion publique, que, tandis qu'au dehors elle prêche l'affranchissement industriel, elle le commence au dedans. Son système de douanes et son système d'impôts indirects sont attaqués en même temps; l'*accise* et l'*excise* sont simultanément révisées. Jamais réforme ne fut, en matière de finances et de douanes, suivie avec plus de logique et de persévérance.

On doute de la probité politique de Huskisson et de son digne successeur, M. Powlett-Thompson? Pourquoi ne doute-t-on pas de celle de lord Althorp? Lord Althorp, en trois ans, a dégrevé de 142,000,000 fr. l'industrie et le commerce d'Angleterre (1). Les principes qui l'ont guidé

(1) *Taxes supprimées*. — Cotons imprimés, houille et ardoises, chandelles, tuiles, timbre (pour reçus de petites sommes), droits sur les garçons de boutique, les garçons de magasin, les garçons de cave, droits sur les charrettes et sur les chevaux, payables par les maraîchers.

Taxes réduites de moitié. — Annonces, savons, taxes sur les boutiques.

dans ces dégrèvemens accordés aux matières premières les plus usuelles dans le commerce et l'industrie, sont les mêmes que ceux qui président à la réforme des douanes. Parmi les droits d'*excise* supprimés par lord Althorp, il en était un qui rapportait près de 25 millions à l'Angleterre : c'était un droit sur la consommation et la circulation de la houille à l'intérieur. Ce droit indirect a été supprimé ; en même temps, le droit d'*exportation* sur le charbon a été réduit de 15 fr. à 4 fr. par tonneau ; à ce taux, il rapportait encore annuellement près de 1,500,000 fr. ; il vient encore d'être supprimé. M. Powlett-Thompson a obtenu enfin la sortie franche de droits de la houille, comme lord Althorp en obtenait la libre circulation à l'intérieur. La réforme dans le droit de douanes était plus difficile et est plus significative que la réforme dans le droit intérieur. La houille, en Angleterre, était l'un des articles dont les préjugés populaires, la vieille haine contre la France, réclamaient le plus vivement l'usage exclusif pour la consommation nationale.

Une des premières et des plus importantes mesures de renoncement au système prohibitif provoquées par Huskisson, était relative à une industrie où l'Angleterre avait une infériorité décidée sur la France, celle des soies. Ce ministre, qu'on accuse d'avoir caché une politique de piperie à l'égard des autres nations sous le grand nom de la liberté commerciale, vit ses jours menacés, son nom livré à l'exécration des masses, son image souillée, comme trahissant l'Angleterre au détriment de la France, par sa demande de la réduction des droits sur les soies et tissus de soie de France à leur entrée dans la Grande-Bretagne. Ce premier acte de liberté commerciale fut spontané de la part de l'Angleterre, et pour le consommer, elle n'exigea pas réciprocité de la part de la France.

Non seulement elle ne l'exigea pas, mais elle ne devait même pas l'attendre. Les premières mesures relatives aux soies datent de 1824 ;

Taxes réduites. — Chanvre, drogues, assurances maritimes, coton et laine. (*Le Ministère de la réforme et le Parlement réformé*, page 27.)

En 1830, avait été supprimé le droit sur la bière. Ce droit, ainsi qu'il résulte de documens parlementaires, avait rapporté, en 1828, 3,256,186 liv. st.; en 1829, 3,055,453 ; en 1830, 2,345,000 liv. st.

Montant des dégrèvemens des taxes ci-dessus mentionnées. 3,335,000 liv. st.
Suppression du droit de la bière (produit de 1830). . . 2,345,000

Total. 5,675,000

Soit, en trois ans, 142,000,000 de revenus annuels.

deux ans auparavant, la France avait frappé les fers anglais d'un droit supérieur de 10 fr. pour 100 kil. au droit imposé aux fers suédois.

Huskisson triompha, en attestant que la présence d'un produit supérieur était le moyen le plus sûr de stimuler l'ardeur des fabricans anglais. Il prophétisait juste ; et depuis que les droits sur la matière première et la matière fabriquée à l'étranger ont été baissés, l'importation des tissus de soie d'Europe y va chaque jour en augmentant, chaque jour augmentent aussi la fabrication anglaise et le nombre de ses métiers. Elle en compte aujourd'hui quarante mille ; c'est plus que Lyon et son rayon (1).

L'abandon que l'Angleterre a fait du traité de Methuen a été spontané, comme la mesure relative à l'industrie des soies. Les faits principaux relatifs à ce traité sont essentiels à connaître pour apprécier la ligne que suit aujourd'hui l'Angleterre dans ses relations commerciales avec les autres nations, et particulièrement avec la France.

(1) Les droits sur la soie grège d'Europe étaient en Angleterre en 1824 de 5 sh. 6 den. par livre; ils furent réduits à 3 deniers par livre à cette époque, et le 5 juillet 1826 à 1 denier par livre. Sur la soie brute, 4 sh. par livre en 1824 ; 3 den. par livre en 1826; 1 den. par livre en 1829. Sur les organsins, 7 sh. 6 den. par livre en 1824; 6 sh. 8 den. en 1829, et depuis, 3 sh. 6 den. par livre.

En même temps les droits sur les satins unis étaient baissés, à compter de 1829, de 15 sh. par livre à 11 sh.; sur les tissus de soie brochés, de 1 liv. st. par livre à 15 sh., etc.

Telles étaient, pour le commerce et l'industrie de la soie, les premières mesures de réforme proposées par Huskisson ; voici quels en ont été les résultats, en ce qui concerne la France.

Importations de soie française en Angleterre de 1820 à 1831. (*Tables of the revenus, etc.*, p. 89.)

	Soie grège.	Brute.	Moulinés.
1820.	393,753 liv.	3,440	»
1823.	397,919	5,173	1
1824.	1,047,941	40,477	416
1825.	799,181	86,153	168,241
1826.	266,662		164,152
1827.	1,133,206	Confondus avec la soie grège.	443,208
1828.	1,389,675		454,086
1829.	787,826		188,233
1830.	860,961	200,880	370,575
1831.	821,349	410,750	612,590

Le traité de Methuen dispose que les laines d'Angleterre ne seront pas prohibées en Portugal, et que les vins de Portugal seront toujours admis en Angleterre en payant un droit inférieur d'un tiers au droit imposé sur les vins de France. Le traité signé au Brésil, en 1810, a confirmé le traité de Methuen, et stipulé que les produits britanniques devraient jouir, à leur admission en Portugal, d'une faveur de 15 p. 0/0 au moins dans le droit de douanes, sur ceux de tout autre pays. Le traité de Methuen avait été conclu en 1705, au moment où Louis XIV venait d'instaurer Philippe V en Espagne. « On peut le considérer, disait M. Hyde Villiers, « dans la chambre des communes, le 15 juin 1830, comme le pot-de-vin « d'un traité d'alliance contre la France. »

Le 11 juillet 1831, lord Althorp et M. Powlett-Thompson proposèrent l'abolition du traité de Methuen, ou, en d'autres termes, le renoncement aux avantages stipulés en faveur de l'Angleterre en Portugal, et la suppression de la faveur accordée aux vins de Portugal sur ceux de tous les autres pays. Le ministère anglais proposait une réduction sur les vins français, et un droit semblable sur les vins de Portugal.

« Le premier avantage que j'attends de cette mesure, disait lord Althorp, c'est une augmentation considérable dans les rentrées du trésor, etc.»

« Un autre avantage de la mesure sera d'ouvrir et d'étendre les relations

Importations de tissus de soie français en Angleterre de 1823 à 1830. *(First report on the Commercial relations between France and Great-Britain, by G. Villiers and J. Bowring.)*

1823. — —	2,901,670 francs.
1824. — —	3,856,465
1825. — —	6,104,103
1826. — —	7,596,421
1827. — —	11,460,119
1828. — —	17,311,810
1829. — —	10,483,777
1830. — —	15,204,388

Pour les deux années suivantes. *(Tableau du Commerce général de la France.)*

1831. — —	15,962,000 francs.
1832. — —	16,450,000

Ainsi, l'abaissement des droits sur la matière première et sur l'objet fabriqué, a eu ce résultat que, tout à la fois, les fabricans anglais ont demandé plus de soie à la France, et que les consommateurs de l'Angleterre ont acheté *plus de tissus de soie de leurs fabriques*, et *plus de tissus de soie des fabriques françaises*.

entre ce pays et la France, et c'est en cela que réside son plus grand avantage. Je suis heureux de pouvoir dire qu'en ce moment la guerre entre les deux pays est peu ou point probable; mais si quelque chose peut contribuer à rendre aux deux peuples la guerre impopulaire et ses maux évidens, c'est le développement de leurs relations commerciales.... Quand je considère qu'il n'y a pas sur tout le globe deux peuples plus faits pour s'unir d'une indissoluble affection, c'est pour moi un sujet d'étonnement et de regret de voir les rapports commerciaux des deux pays si restreints..... Je désirerais certainement voir étendre nos rapports avec la France de manière à rendre la guerre impossible entre les deux pays. La guerre est certainement le plus grand des maux. »

M. Robinson, représentant de Worcester, ville dont la principale industrie consiste dans la fabrication des gants, et qui est opposée à toute mesure d'affranchissement industriel, depuis la levée de la prohibition des gants français, M. Robinson parla contre la mesure proposée, et venant à ce qui concernait la France, il demanda qu'aucune concession ne lui fût faite qu'après s'être assuré d'un retour équivalent, et avoir conclu un traité sur des bases de réciprocité. « Nous avons déjà réduit, dit-il, les droits sur les vins et autres produits de la France; mais elle, elle ne s'est en rien relâchée de son système prohibitif. »

Voici la réponse de M. Thompson sur ce point : elle mérite d'être méditée.

« Si la France n'entend pas ses intérêts, ce n'est pas notre faute; ce n'est pas pour nous une raison d'imiter un si mauvais exemple, et de refuser d'acheter ses exportations : notre intérêt à nous est d'acheter ses produits, si nous pouvons les obtenir d'elle à meilleur marché que partout ailleurs....

« L'honorable préopinant soutient qu'il eût mieux valu d'abord négocier avec la France sur des bases de réciprocité que de commencer par changer notre législation commerciale; mais ces négociations eussent été entravées d'innombrables difficultés. Je suis de l'opinion de feu M. Huskisson; je pense, comme lui, qu'en offrant de négocier sur des matières commerciales, nous donnons de l'ombrage aux autres nations sur les motifs qui nous font agir, tandis qu'en adoptant dans nos rapports commerciaux une politique libérale, nous ferons taire bien des préjugés qui, malheureusement, ne sont que trop répandus sur cette matière, et nous engagerons d'autres pays à suivre l'exemple que nous avons donné.

« C'est en adoptant nous-mêmes un système de politique commerciale, sans en marchander l'adoption par les autres peuples, que nous les convaincrons que nos intentions sont pures, et nos recommandations fondées sur le sentiment d'une utilité mutuelle. »

A la suite de cette discussion, la mesure proposée par le ministère fut adoptée; une réduction de 25 pour 100 fut faite sur les vins français; les vins de Portugal furent soumis à un même droit de cinq shellings six deniers par gallon (1 fr. 54 c. par litre), et le traité de Methuen virtuellement aboli (1).

Cette administration anglaise, qu'on accuse de se faire l'égoïste et coupable héritière de la *philantropie menteuse* (2) de Huskisson, a l'honneur d'un des actes les plus généreux et les plus largement progressifs dont jamais gouvernement ait donné l'exemple au monde. Cet acte que nous a, pour ainsi dire, dérobé l'âcre et étroite polémique au milieu de laquelle nous étouffons ici, c'est l'émancipation des esclaves de ses colonies, achetée par l'Angleterre cinq cents millions qu'elle a ajoutés à sa dette déjà si considérable, sans que son crédit en ait souffert. L'esprit public a compris toute la portée de cette mesure, non-seulement sous le point de vue moral, mais pour le prochain affranchissement commercial des colonies, et le crédit de l'Angleterre n'a pas été altéré.

Naguère enfin, l'administration anglaise a subi la plus rude épreuve à laquelle pût être mise la sincérité de ses doctrines économiques. Attaquée sur le terrain de la législation des céréales, elle n'a pas craint, en face d'une chambre de grands propriétaires, de démontrer, par les argumens les plus précis et les plus puissans que fournissent les doctrines de la liberté commerciale, les contradictions et les fâcheux effets de cette législation (3). Vienne le jour, et il n'est pas loin peut-être, où la couronne devra permettre enfin qu'il soit touché à l'arche sainte de la pairie; et ce jour-là, à côté des mesures de réforme politique que l'Angleterre en attend, elle verra placer une des mesures les plus décisives de sa réforme économique, l'affranchissement de son commerce des blés. Peut-être ce dernier acte aura-t-il pouvoir de convaincre de sa sincérité les partisans du système restrictif.

Quant aux hommes que des intérêts compromis ou des passions suran-

(1) Avant le traité de Methuen, l'importation des vins français en Angleterre était de 18,000 tonneaux; de 1821 à 1830 elle a été, année moyenne, de 1,364 tonneaux; en 1831, année de la réduction du droit, de 2,346 tonneaux; et en 1832, de 2,380 tonneaux.

(2) Ces termes se trouvent dans un mémoire du comité consultatif des arts et manufactures d'Elbœuf.

(3) Voir le discours prononcé par M. Powlett-Thompson, le 7 mars 1834.

nées ne frappent pas d'aveuglement dans cette question, ils ne croient ni que l'Angleterre doive la prospérité de son industrie à son système prohibitif, ni que sa réforme économique lui soit inspirée aujourd'hui par la pensée de duper les autres peuples. Ai-je besoin d'ajouter qu'ils ne la supposent pas davantage inspirée par un pur sentiment philantropique?

Les institutions de l'Angleterre ont plus rapidement développé chez elle que chez les nations soumises à des gouvernemens moins avancés, les élémens du travail, de l'industrie et du commerce. Plus vite que d'autres, elle a pu mettre son territoire en valeur, le couvrir de voies de communications, les unes dues à l'esprit d'association, les autres à l'esprit municipal, et sans doute il n'est pas besoin de prouver que l'esprit municipal et l'esprit d'association ont été le fruit, en Angleterre, non du système prohibitif, mais de l'ensemble de ses institutions politiques. Plus vite que d'autres, elle a constitué des établissemens de crédit, et organisé sur une grande échelle la circulation des signes représentatifs de la richesse, or ou papier. Prétend-on qu'il y ait quelque lien entre l'état avancé des idées de crédit en Angleterre et ses tarifs de douanes, et n'est-il pas visible que les idées de crédit devaient se développer d'abord chez le premier peuple dont les finances aient été soumises au contrôle de l'élection et de la publicité?

Quand l'état supérieur de l'industrie d'un peuple peut s'expliquer par l'état supérieur de ses idées d'association, de ses idées de crédit, de ses voies de communications, de ses libertés municipales, de l'ensemble de ses institutions politiques, le système prohibitif est mal venu à revendiquer l'honneur de pareils progrès.

On s'étonne que l'Angleterre parle aujourd'hui si haut pour la liberté commerciale. A considérer l'immensité de ses relations d'échange et leur proportion avec celles de la France, on trouverait que la France parle relativement aussi haut qu'elle. Si, chez nous, avec notre commerce encore si rétréci, avec nos industries si timides, et ayant si peu conscience d'elles-mêmes, il se rencontre cependant des places entières de commerce et des villes de fabrique de premier ordre (1) prenant la défense de la réforme commerciale, comment l'Angleterre, où un si grand développement industriel a dû créer une si générale et si nette intelligence des matières économiques, n'aurait-elle pas l'initiative de cette réforme dans ses actes,

(1) Notamment Bordeaux et le Hâvre, dont les importantes déclarations nous occuperont plus loin, et Lyon, qui, dans sa belle réponse au ministre du commerce sur les modifications qui pourraient être faites à la loi de douanes, a si largement et si logiquement posé les bases d'une liberté commerciale progressive.

dans ses livres, dans ses doctrines? Adam Smith, chez elle, est venu avant J.-B. Say chez nous.

Ce que l'Angleterre attend de la réforme commerciale, elle ne le cache pas, pas plus que ne le dissimulent en France les partisans de cette réforme. Elle est assurée qu'il en doit résulter pour elle un notable agrandissement de son industrie et de son commerce, qu'elle en doit obtenir des débouchés plus étendus de ses produits chez les autres nations; mais l'Angleterre sait bien, et c'est là tout le fondement de la réforme commerciale, qu'elle ne peut accroître ses ventes sur les marchés étrangers sans y augmenter ses achats.

Enfin ce pays, en raison même de l'extension de ses affaires et de l'intelligente habileté qu'il y applique, se rend compte de l'influence qu'elles exercent sur les alliances des peuples, et sa politique industrielle s'accorde ainsi merveilleusement avec sa diplomatie. Dans l'agrandissement des relations commerciales entre deux nations, l'Angleterre sait que se trouve l'affermissement de leurs relations politiques; aussi la voit-on faire de la propagande d'économie politique dans les pays dont elle recherche le plus l'alliance. Il est évident qu'elle s'inquiète plus de modifications au tarif français qu'au tarif russe.

En somme, dans sa réforme économique et dans les doctrines qu'elle répand à cet égard, l'Angleterre suit la ligne de ses intérêts, cela est évident; mais agit-elle dans sa réforme politique par un autre motif? Si, là aussi, elle obéit à son intérêt, comment les mêmes hommes qui professent tant de sympathie pour sa réforme politique, et y voient plus qu'un évènement anglais, montrent-ils tant d'indifférence ou de dédain de sa réforme économique? Laudateurs de l'une et détracteurs de l'autre, de quelle doctrine politique ou morale déduisent-ils des jugemens si divers sur ces deux effets solidaires et simultanés d'une même cause?

Ainsi, nous tous, partisans de la liberté commerciale, si nous sommes dupes de l'Angleterre, on voit que ce n'est pas à demi; ce n'est pas l'entraînement libéral, ou une creuse philantropie qui nous pousse dans la même ligne qu'elle; nous voyons bien, nous sommes pleinement convaincus que l'Angleterre marche dans la voie de ses intérêts. Mais à cette conviction s'ajoute pour nous la conviction que la manière dont l'Angleterre entend ses intérêts, est précisément celle dont la France, dont toute nation devrait comprendre les siens. Les intérêts de l'Angleterre aujourd'hui se trouvent du côté du progrès; c'est pourquoi nous sommes avec elle, et remarquez bien que si les doctrines de la réforme commerciale commencent à pénétrer si vite dans les masses, ce n'est pas que les théories économiques leur soient parfaitement lucides; mais, d'instinct, elles voient que l'avenir est là, et elles y vont.

L'Amérique du Nord agissait aussi dans la ligne de ses intérêts, quand elle maintenait l'union de ses divers états menacée par une question de douanes. Quel moyen de conciliation lui suggéraient alors ses intérêts bien entendus?

Un acte de liberté commerciale.

C'est par un amoindrissement des tarifs restrictifs de la concurrence étrangère qu'elle a combattu et vaincu cette récente et hardie tentative de déchirement suscitée par ses états agricoles contre ses états manufacturiers.

Le gouvernement fédéral, dans la vue de développer l'industrie américaine, s'était laissé aller à l'adoption des restrictions dans ses tarifs de douanes. Ainsi un tarif assez élevé pesait sur les fils et tissus de coton de l'Angleterre, pour protéger les fabriques de filature et de tissage de coton dans les États-Unis (1). Mais le gouvernement fédéral n'avait pas songé que cette sur-excitation de travail produite par son tarif de douanes ne devait se développer que dans les états du nord, et non dans les états du midi,

(1) Un des citoyens que l'opinion américaine place le plus haut parmi ses hommes d'état, M. Camberleng, s'exprimait comme il suit, dès 1830, dans un rapport à la législature.

« Le tarif de 1816 a été l'origine de toutes les erreurs que nous avons commises depuis. Nous avons dépensé des millions que notre commerce intérieur nous avait rapportés en cherchant à accroître nos richesses par des expériences insensées. Quelque bonnes qu'eussent pu être les intentions de ceux qui ont fait nos lois restrictives, ces lois ne peuvent tendre qu'à diminuer la consommation, augmenter l'impôt, et détruire le commerce. On croit communément qu'en conséquence de l'élévation des droits, nos manufacturiers sont actuellement dans une condition plus prospère qu'ils ne seraient si aucun changement n'était survenu dans nos lois. C'est une grave erreur. En jetant les yeux sur l'ensemble de l'Union, on voit que nous sommes aujourd'hui une nation tout aussi agricole et tout aussi peu manufacturière qu'à l'époque de l'adoption de la constitution.

« Il est évident que nous sacrifions les riches ressources d'un pays jeune, en donnant un développement forcé à l'industrie manufacturière en opposition avec toutes les règles qui doivent diriger l'industrie. Depuis que le nouveau système est en vigueur complète, le changement devient annuellement et rapidement plus défavorable à notre navigation. La proportion du tonnage étranger au tonnage américain était en 1824 de 9 o/o, en 1825 de 10, en 1826 de 11, en 1827 de 14, en 1828 de 15 o/o. »

dont les capitaux s'utilisent si productivement aux travaux agricoles. Il n'avait pas songé que ces états, grands producteurs de coton, grands exportateurs de ce produit naturel de leur sol en Angleterre et en France, étaient grands consommateurs par conséquent de produits anglais et français. Le tarif américain, en frappant ces produits d'un droit, portait donc atteinte aux relations commerciales de tous les états du midi de l'Union, atteinte assez grave pour y avoir suscité ce parti d'un nom si audacieusement subversif, les *nullifiers*. On sait que l'énergie des actes de ce parti répondait à la hardiesse de sa dénomination. On sait aussi que le gouvernement fédéral n'a pas cru nécessaire, comme l'eussent jugé, peut-être, quelques gouvernemens européens, de faire contre lui preuve de force avant de faire preuve de sagesse. Ayant à choisir entre le développement d'une industrie qui était son œuvre, et celui d'un produit agricole naturel au sol, il a donné la préférence à l'œuvre de la Providence; il a abaissé les tarifs au profit de la culture du coton; il a agrandi à la fois l'exportation de cette matière et l'importation des fils et tissus de coton étrangers; il a admis à la libre entrée un grand nombre d'articles, il a posé enfin, à ses tarifs, la limite de *vingt pour cent* de la valeur des produits importés (1); acte important de réforme commerciale, acte de dignité et de véritable force.

Aujourd'hui les Etats-Unis sont plus voisins qu'aucun autre peuple de la liberté commerciale. Le système restrictif n'est pas assez ancien chez

---

(1) *Acte adopté par le congrès, le 26 février 1833, et sanctionné par le président, le 2 mars suivant, modifiant le tarif du 14 juillet 1832, et tous les autres actes antérieurs, imposant des droits d'importation.*

Première section. Les droits imposés sur les importations étrangères par l'acte du 14 juillet 1832, ou par tout autre acte, et *excédant vingt pour cent de la valeur des marchandises*, sont diminués du dixième de cet excédant; même déduction du dixième aura lieu à partir du 31 décembre 1835; même déduction à partir du 31 décembre 1837; même déduction à partir du 31 décembre 1839; après le 31 décembre 1841, ce qui restera du surplus de vingt pour cent du droit sera réduit de moitié, et l'autre moitié sera supprimée après le 30 juin 1842.

Quatrième section. Outre les articles déjà admis en franchise des droits, les articles suivans importés après le 31 décembre 1833, et jusqu'au 30 juin 1842, seront également admis en franchise : *toiles blanches et écrues, linge et serviettes de table, batiste, tissus de laine peignée, schalls et autres tissus de soie et laine peignée.*

Un tel acte devait rendre la paix aux États-Unis; on sait que le succès ne lui a pas manqué.

eux pour que de grands intérêts se soient engagés ou compromis derrière les tarifs de douanes, et ces tarifs, d'ailleurs, n'ont jamais été aussi élevés que les tarifs d'Europe. Mais il y a une raison plus décisive encore de l'avènement prochain de l'Amérique du Nord à la liberté commerciale ; c'est la variété du climat, et par conséquent la diversité des besoins des populations, qui, des glaces du Maine aux sables brûlans des Florides, se sont unies sous le même gouvernement. Il y a là autant de différences de température, et par conséquent autant de différences de mœurs et d'habitudes de consommation, qu'on en peut compter du Cap Nord à Gibraltar ; aussi, lorsque viendra le jour, et infailliblement il est près de nous, où des Florides au Maine et de Washington à la Californie sera installée la liberté commerciale, comme seul moyen de maintenir l'union des diverses parties de ce vaste continent, nous aurons à faire une curieuse étude en Europe. Il faudra bien, en effet, qu'on nous démontre que cette liberté qui verse les bienfaits de la paix et de l'ordre sur cet immense territoire ne peut être acceptée par l'Europe, et en troublerait l'équilibre. Oui, soyez-en sûrs, il se trouvera des écrivains pour soutenir cette thèse. Mais se trouvera-t-il des peuples pour les écouter long-temps ?

A ces actes capitaux, et dont la tendance à l'affranchissement industriel n'est pas contestable sans doute, les partisans du système restrictif semblent, au premier coup d'œil, pouvoir opposer un autre fait, d'une signification en apparence toute contraire, et d'une importance grande aussi : l'union commerciale des états allemands. Il est certain que l'intérêt français paraît lésé par cette union, inspirée en partie, sans nul doute, par une pensée hostile à la France. Dégageons-nous cependant de cette première impression, et recherchons sans passion le véritable sens et l'avenir de cette alliance de douanes de l'Europe centrale.

On sait comment le congrès de Vienne a constitué l'Allemagne ; comment, afin de conserver à l'alliance du Nord, et en hostilité contre la France, les deux peuples les plus importans de l'Europe centrale, la Prusse et la Bavière, il a jeté à ces deux royaumes deux annexes prises entre le Rhin et nous. Sentinelles placées sur notre ancienne frontière, et pour nous disputer la frontière de nos affections populaires, la Prusse et la Bavière ont eu pour prix de cette lourde mission, les deux magnifiques territoires appelés les cercles rhénans. De ce jour, leur politique n'a pas cessé d'incliner vers le Rhin, et leur constante pensée a été, a dû être de se rapprocher de ces riches provinces, et d'y créer des intérêts prussiens et bavarois. Cette tâche ne leur était pas facile.

Séparées d'elles, la Bavière par le Wurtemberg et le grand-duché de

Bade, la Prusse par les Hesses, les relations de ces deux puissances avec leurs annexes subissaient de continuelles entraves.

Un vague, mais profond sentiment d'unité et de fédération circulait cependant en Allemagne. Dans les actes du congrès de Vienne se trouvait déjà le germe des unions commerciales pour constituer l'esprit allemand, l'unité allemande. La Prusse et la Bavière mirent à profit ces élémens si bien préparés pour les intérêts de leur politique.

Le 12 avril 1827, un traité, confirmé par acte du 18 janvier 1828, intervint entre la Bavière et le Wurtemberg, supprimant les lignes de douanes entre les deux états, et constituant leur union commerciale.

Le 14 février 1828, même acte entre la Prusse et le grand-duché de Hesse. Le 17 juillet 1828, adhésion à ce traité par les principautés d'Anhalt.

Enfin, le 24 septembre 1828, acte d'association entre le royaume et les duchés de Saxe, le Hanôvre, l'électorat de Hesse, les duchés de Brunswick et de Nassau, les principautés de Reuss et de Schwartzbourg, et les villes de Francfort et de Brême. Le traité signé à Cassel contenait la disposition suivante :

« Pendant trois ans, les états alliés s'engagent à n'adhérer séparément à aucune union étrangère. Il y aura, chaque année, une réunion annuelle des députés des états associés; les routes seront améliorées, le système de douanes adouci; les droits de transit ne pourront pas être augmentés; les traités à conclure avec les étrangers, ou les représailles à établir, seront délibérés en commun. La Saxe royale est chargée de la direction de l'union. »

Ainsi, à la fin de l'année 1828, l'Allemagne comptait trois associations commerciales : l'une dirigée par la Prusse, l'autre par la Bavière, la troisième par la Saxe. Nous avons vu quel intérêt politique dirigeait les efforts des deux premières puissances. Voyons quel était celui de la Saxe. Il résulte d'un fait trop peu connu.

La Saxe n'avait jamais connu le système restrictif; à part quelques droits d'octroi plutôt que de douanes, imposés à Leipsig, sur les produits étrangers, et très modérés, la Saxe avait toujours joui de la liberté commerciale. A l'esprit libéral de sa politique industrielle, la Saxe devait un immense développement dans ses manufactures; c'est aujourd'hui un des foyers les plus actifs et les plus intelligens de la production européenne. La Saxe devait donc voir avec terreur l'invasion du tarif prussien, tarif qui, bien que ne contenant *aucune prohibition*, et seulement des droits pour la presque totalité beaucoup plus modérés, par exemple, que les nôtres, devait cependant imposer à la Saxe des restrictions que jusqu'alors son industrie n'avait pas connues. Ainsi, la Saxe devait se ménager en dehors de la Prusse toutes les issues possibles, et garder le cours des fleuves qui portaient ses produits au reste de l'Europe. Dans la ligue de 1828, elle y avait réussi. Mais pouvait-elle lutter long-temps contre les efforts combinés de la Prusse et de la Bavière?

Le 27 mai 1829, les deux associations, dirigées par ces deux puissances, conclurent entre elles un premier traité qui abolissait certains droits de douane et en réduisait d'autres. Ce premier pas fait, des négociations furent entamées avec quelques-uns des états contractans dans l'association saxonne, et enfin, le 25 août 1831, la Hesse se détacha de cette association, et entra dans l'union prussienne.

L'association saxonne, ainsi coupée par moitié, dut céder; le 22 mars 1833, l'acte définitif d'association fut conclu entre la Prusse, la Bavière, le Wurtemberg, la Hesse-Grand-Ducale et la Hesse-Electorale. La Saxe adhéra le 30 mars suivant; les duchés de Saxe et d'Anhalt, le 11 mai.

Cette union commerciale embrasse des territoires ayant une population de 25,264,000 habitans. Les états non contractans, Hambourg, Lubeck, Brême, le Holstein, les deux Mecklembourg, le Hanovre, Brunswick, Oldenbourg, Francfort, Nassau, le Luxembourg, le grand-duché de Bade, ont une population de 5,427,000 habitans. Celle des états allemands de l'Autriche est de 10,000,000 d'ames.

La Saxe, en adhérant à cette union, a donc renoncé à ses principes de liberté commerciale? Jugez-en. Si elle était restée en dehors de l'association, cernée de tous côtés par des tarifs répulsifs, non-seulement ses relations avec la France et l'Angleterre se trouvaient à peu près complètement annihilées, mais elle perdait encore le marché de tous les états d'Allemagne, où jusqu'ici elle avait trouvé ses débouchés et ses approvisionnemens; que si elle adhérait, au contraire, elle s'ouvrait un marché entièrement libre de près de 24 millions de consommateurs, et renonçait à des relations de peu d'importance avec des pays éloignés. Son choix ne pouvait être douteux. Elle a préféré la liberté commerciale avec l'Allemagne; une source si considérable de développement dans son industrie lui donnera le temps d'attendre, sans en souffrir, le rétablissement de ses relations avec le reste de l'Europe sur l'ancien pied.

Je n'entrerai pas ici dans les détails de l'organisation de cette union de douanes; cet acte, d'un caractère diplomatique si nouveau, mérite d'être connu en entier.

Telle est l'association commerciale de l'Allemagne, objet de jugemens

2

si divers, et pour la plupart si étroitement passionnés. Ce qu'il y a de momentanément hostile à la France dans cette union a préoccupé beaucoup de bons esprits, au point de leur dérober toute l'importance de cette combinaison pour le maintien de la paix en Europe, et le développement du travail et de la civilisation. Faisons effort pour nous élever, quand nous jugeons les actes de nos voisins, au-dessus d'un étroit et exclusif esprit de nationalité. Ayons d'ailleurs assez de foi aux destinées de la France pour croire qu'une mesure évidemment progressive, et libérale en elle-même, ne peut pas en définitive être contraire à notre pays.

Lorsque la politique industrielle des principales nations d'Europe sera plus libérale, et que l'on songera à faire tomber les barrières de douanes qui morcellent cette partie du monde, comme l'Allemagne l'était en 1833, et la France en 1789, on sentira toute la portée de l'union commerciale de l'Allemagne, qui, en constituant un seul intérêt, aura apporté une si précieuse facilité dans les négociations relatives à l'affranchissement industriel des sociétés européennes; et n'oublions pas qu'au sein de cette association, un des pays contractans entretient les traditions les plus favorables à la liberté commerciale.

« L'association commerciale a fait pour l'Allemagne, a dit le *Journal des Débats*, le 12 septembre dernier, ce qu'a fait pour la France l'abolition des barrières qui séparaient, en 1789, nos diverses provinces; elle a créé la liberté du commerce intérieur, mais elle n'a rien fait pour la liberté du commerce au dehors. » Il y a là une erreur qu'il importe de relever.

De ce que deux ou plusieurs peuples parlent la même langue, doit-on en conclure qu'ils doivent être nécessairement unis par le même tarif, et que toute barrière de douanes doit tomber entre eux ? Pourquoi alors un tarif de douanes entre la Belgique et la France ? S'il y a deux tarifs entre ces deux pays, c'est qu'il y a deux gouvernemens, deux budgets, deux perceptions d'impôts, et de mauvaises traditions soutenues des deux côtés par des intérêts de minorité et des priviléges. Supposez la barrière de douanes abaissée entre la Belgique et la France, quel nom donneriez-vous à un tel acte? Vous n'auriez pas le choix. Ce serait un acte, un grand acte de liberté commerciale extérieure.

Je ne vois pas qu'il y ait plus de rapports intimes entre les gouvernemens de la Prusse et de la Bavière, du Wurtemberg et de la Saxe, qu'entre ceux de la France et de la Belgique. Lors donc que ces états allemands, dont les intérêts politiques sont certes assez distincts, font tomber entre eux les barrières de douanes, ne dites pas, car cela n'est pas, qu'il n'y a là qu'une mesure de liberté intérieure; il y a union entre étrangers, union entre gouvernemens divers; c'est donc un acte de liberté commerciale extérieure; j'ajoute que c'est un événement européen, un enseignement qui portera ses fruits, et dont l'influence ne tardera pas à se faire sentir.

Cette influence, il parait que déjà le gouvernement français l'aurait ressentie. On assure qu'il a ouvert des négociations avec l'association allemande pour établir des adoucissemens mutuels dans les tarifs de l'association et dans le nôtre. S'il en est ainsi, graces lui soient rendues: le négociateur d'un tel traité aura des droits certains à la reconnaissance du pays.

Je viens de citer un pays, la Saxe, qui a cru son éducation industrielle possible sans tarifs de douanes, et qui, sous l'empire de la liberté commerciale, s'est mis au premier rang des peuples manufacturiers. C'est, ai-je dit, un fait *peu connu*, et nous n'avons pas eu en effet depuis quinze ans un *exposé* de motifs de projet de loi de douanes qui n'ait répété que la liberté commerciale était une pure théorie inapplicable et *inappliquée*. Nous venons de rencontrer une preuve du contraire. Est-ce la seule ?

Il y a déjà *plus d'un an* que, m'occupant de la question d'Alger, je fesais connaître dans un journal quotidien des faits du même genre relatifs à Cuba, et extraits d'une notice pleine d'intérêt de M. de Humboldt.

« L'Espagne, disais-je, possède une colonie ou plutôt une station maritime que son importance et sa richesse placent au premier rang des possessions européennes dans l'Archipel américain ; objet d'envie de toutes les nations qui ont une grande marine, elle n'est restée soumise à la domination espagnole que parce que l'Angleterre, la France, et les États-Unis, qui l'ont également convoitée, n'eussent jamais souffert qu'elle fût conquise par l'une d'elles. Cuba, dont la population a triplé depuis 1794, et qui compte aujourd'hui 800,000 habitans environ, fait un commerce dont les évaluations en douanes s'élèvent à 200,000,000 francs ; ses revenus en 1827 étaient de 44 millions ; ils approchent aujourd'hui de 50 millions.

« Avec ces ressources, non-seulement Cuba entretient son état militaire sa marine, forte de quatorze navires, portant deux cent quatre-vingts canons, ses fortifications, ses routes et travaux publics ; non-seulement elle rétribue ses autorités civiles et militaires, mais encore elle fournit à la métropole des sommes considérables dont la moyenne annuelle est de 45 millions; depuis 1778, elle a donné à l'Espagne vingt-deux frégates, sept paquebots, neuf brigantins, quatorze goëlettes et quarante-neuf petits navires. »

« Voilà donc une possession coloniale qui, loin d'être une charge énorme pour la métropole, comme le sont les nôtres, est pour elle une source importante de revenus. A quelle cause tient un état de choses si contraire à celui qui subsiste dans nos colonies?

« La liberté commerciale existe à Cuba, sauf quelques monopoles conservés par la mère-patrie, entre autres sur le tabac. Cuba n'est pas soumis à ce régime colonial adopté par la France, et qui n'est autre qu'une double prohibition, la métropole ne pouvant recevoir que de la colonie certaines des matières exotiques qu'elle consomme, et la colonie ne pouvant recevoir que de la métropole toutes les denrées ou matières nécessaires à sa consommation ou à son industrie.

« En 1827, il est entré dans le port de la Havane, capitale de l'île, 1053 navires jaugeant 169,278 tonneaux.

« Sur cette quantité, l'Espagne a envoyé 57 navires, jaugeant 5,412 tonneaux; la France 48, jaugeant 9,815 tonneaux; l'Angleterre 71, jaugeant 12,537; l'Amérique enfin, cette puissance si voisine de Cuba, et à qui, suivant les prescriptions et la politique restrictive et prohibitive, l'Espagne devrait, en raison de ce voisinage, prohiber toute relation avec sa belle colonie, l'Amérique a envoyé 785 navires, jaugeant 125,087 tonneaux; et si l'on recherche quels sont les principaux objets de ce commerce si considérable, on voit que ce sont principalement des *céréales.* »

Un des résultats les plus importans de cette prospérité et de cette civilisation, produit par un système si libéral d'échanges, c'est que la population esclave, non-seulement est à Cuba dans une beaucoup plus faible proportion que partout ailleurs, mais encore que cette partie de la population y est traitée avec une grande douceur, et nulle part n'inspire moins d'inquiétudes. Il y a plus, il s'élève dans Cuba une population de moyens et de petits propriétaires qui fera nécessairement disparaître l'esclavage.

La liberté commerciale, à Cuba, n'a pas produit seulement une grande prospérité commerciale, mais une très florissante industrie. On sait que la Havane produit son sucre plus beau et moins cher qu'aucune des colonies anglaises ou françaises; et ainsi, pour cette île comme pour la Saxe, se trouve établie l'influence de la liberté commerciale sur le développement de l'agriculture et de l'industrie (1).

(1) Il est un autre point du globe, l'île de Sincapour, à la pointe de la presqu'île de Malacca, où règne la liberté commerciale. Cette création toute nouvelle du génie anglais ne peut pas encore fournir de preuves de l'influence favorable que

Le même fait se reproduit à Porto-Rico, autre colonie espagnole, affranchie aussi du double monopole colonial. Une notice sur cette île, récemment publiée par le colonel Flingter, planteur à Porto-Rico, fait connaître que le tiers du sucre de cette île est produit par le travail libre, et que c'est le plus beau et le moins cher.

Cet exemple et ces résultats de liberté commerciale sont importans et significatifs sans doute; il existe encore un autre fait de ce genre, et c'est aux portes de la France que nous le trouvons.

On sait le développement prodigieux que l'industrie de la Suisse a pris depuis plusieurs années. Sans ports, sans canaux, sans rivières navigables importantes, la Suisse a cependant élevé le plus redoutable concurrent de Lyon, Zurich; sa filature de coton égale la nôtre, si elle ne lui est supérieure. La Suisse n'a pas de tarifs de douanes; elle ne prohibe rien à l'entrée, rien à la sortie; la Suisse n'a pas de système protecteur, elle est en pleine liberté commerciale.

Partisan de cette liberté, je n'y vois pas cependant l'universelle panacée aux crises et aux souffrances de l'industrie; je ne dirai donc pas que

l'affranchissement industriel et commercial peut exercer sur la production. Toutefois on ne lira pas sans fruit le passage suivant emprunté au *Voyage pittoresque autour du monde.*

« Sincapour, née à peine, ne peut avoir encore d'industrie manufacturière, qui est toujours le résultat d'une civilisation lente et laborieuse. Quelques chantiers de construction, et des fabriques de sagou perlé, voilà à quoi se réduisait en 1830 la liste de ses établissemens industriels. Mais son commerce d'échange, ses transactions d'entrepôt ont déjà dépassé la plus haute somme des espérances conçues. Grace à de larges franchises, obtenues cette fois de la compagnie privilégiée des Indes, les navires européens, les pros malais, les barques de Siam, les jonques de la Chine, de la Cochinchine et du Japon, les bateaux des Bonghis et de l'archipel des Philippines, semblent se donner rendez-vous aujourd'hui sur cette rade de Sincapour, espèce de terrain neutre pour tous les commerçans et pour tous les commerces. Ce mouvement commercial, imperceptible au début, a grandi d'une façon si merveilleuse et si rapide, qu'on l'évalue aujourd'hui à plus de 150 millions de francs par année. La progression a été la même pour la population : en 1819, cent cinquante pêcheurs, moitié Malais, moitié pirates, occupaient seuls la petite anse de Sincapour; et cinq ans après, en janvier 1824, un recensement fait par les soins de M. Crawfurd portait les habitans à dix mille six cent quatre-vingt-trois ames. On en comptait dix-neuf mille deux cents en 1832, le tout composé de Chinois, de Malais, de Bonghis, d'Hindous, d'Européens, de Javanais, de Siamois.» (Page 200.)

la grande prospérité de Cuba, de la Saxe et de la Suisse tienne unique-
ment à la liberté commerciale ; ce serait imiter les sectateurs du système
restrictif dans ce que leurs prétentions ont de plus ridicule ; mais des faits
aussi importans prouvent incontestablement que la liberté commerciale
est parfaitement compatible avec un grand développement agricole, commercial, industriel ; et, en présence de tous les faits parallèles, il est per-
mis d'affirmer que, sans la liberté commerciale, la Suisse, Cuba, Porto-
Rico, la Saxe, ne jouiraient pas d'une aussi grande prospérité.

Nous pouvons maintenant rechercher où nous en sommes, en France,
de notre affranchissement industriel et commercial.

Un des traits les plus caractéristiques, les plus éminens de notre histoire, c'est notre tendance irrésistible à l'unité, à la centralisation ; c'est
cet instinct de nationalité qui, des Pyrénées et des Alpes au Rhin, a
fait de nous, hommes du nord et du midi, Basques ou Flamands, Bre-
tons et Comtois, un même peuple, celui où, des extrémités à la tête, la
vie circule le plus vite, où la loi de responsabilité mutuelle, de solidarité
commune, se sent le mieux. A un tel peuple, il faut un gouvernement
fort ; tel est le nôtre ; il lui est donné beaucoup, beaucoup aussi est attendu de lui. C'est, en France, une idée générale et profonde, que la
protection du gouvernement est nécessaire aux divers développemens in-
tellectuels, ou moraux, ou industriels de la nation ; grand et noble sentiment, à mon sens, heureux besoin des masses, avec lequel il sera fait
des prodiges, toutes les fois qu'il en sera fait bon emploi. Sans examiner
ici si la mission de *tous* les gouvernemens n'est pas de se mettre à la tête
de tous les progrès, et de tout animer d'une large et féconde impulsion,
je tiens donc pour constant, pour démontré par toute la philosophie de
notre histoire, qu'en France ce rôle n'est pas disputé au gouvernement,
que le vœu et le besoin général est de le lui voir prendre, et que c'est
une idée profondément nationale que celle d'un *système protecteur de
l'industrie et du commerce.*

Et comme jusqu'ici les gouvernemens qui se sont succédé en France,
n'ont pas connu d'autres moyens de protéger l'industrie et le commerce
que les prohibitions et les restrictions, comme la pensée d'un autre mode
de protection n'a pas encore suffisamment pénétré dans les masses, le
système restrictif a aujourd'hui, en France, plus de raisons d'existence
qu'ailleurs.

Mais si notre tendance à l'unité forme le trait prédominant de notre
histoire, il y a dans le caractère national quelque chose de plus déter-

miné, de plus saillant encore, c'est le besoin de l'égalité, c'est le sentiment du droit. Or, le système restrictif est profondément, et par toutes
ses faces, hostile au sentiment de droit et d'égalité! Ce ne peut pas être
une institution de droit et d'égalité que celle qui, sans règles fixes et sans
principes arrêtés, sans moyens certains de distinguer le vrai du faux, le
juste de l'injuste, accorde ici une faveur qu'ailleurs elle refuse, se perd
dans une perpétuelle confusion de besoins fiscaux et d'idées de protection,
sacrifie incessamment les masses à une faible minorité, arme les producteurs les uns contre les autres, les propriétaires de forêts contre les maîtres de forges, les maitres de forges contre les producteurs de machines,
contre les agriculteurs, contre les armateurs, contre les constructeurs, les
producteurs de laine contre les fabricans de drap, les filateurs de coton
contre les fabricans de tulle, les colonies contre la métropole, les propriétaires contre les ouvriers. Ce n'est pas une institution de droit que
celle qui, dans ce temps de contrôle et de publicité, et lorsque tous les
droits acquis de la nation viennent se résumer dans la libre discussion et
dans le vote de l'impôt, crée d'innombrables et inconnus percepteurs de
mille impôts indirects qui nous atteignent partout et frappent toutes nos
consommations, sans que nous en puissions ni connaître, ni discuter le
chiffre. Qu'est-ce autre chose qu'un impôt indirect soustrait au trésor de
l'état, au contrôle et à la publicité, que ces droits de douane, et ces prohibitions qui permettent à certains producteurs de donner à leurs marchandises un prix, non-seulement supérieur à celui auquel l'étranger pourrait
les fournir, mais à celui auquel ces producteurs eux-mêmes pourraient
fabriquer, s'ils étaient stimulés par une plus active concurrence étrangère? Qu'est-ce qu'une institution qui enseigne aux citoyens à compter
pour s'enrichir sur autre chose que leurs talens, leur persévérance, leur
économie; qui bâtit des fortunes sur un autre terrain que celui du travail, et constitue ainsi le gouvernement, non pas le protecteur, mais le
corrupteur de toutes les forces vives de la société? Est-ce du droit? Est-
ce de l'égalité? Non, mille fois, non.

C'est pour cela que de plus en plus le sentiment public devient hostile
à ce système, et que cette répulsion se répand même plus rapidement que
la science économique qui en explique et en démontre les abus et les in-
justices; c'est pour cela que la presse est à peu près unanime sur ces questions; c'est pour cela qu'une commission de la chambre des députés, il y
a près de deux ans, a demandé le rappel de ce *système restrictif des importations et des exportations, véritable fléau de notre industrie* (1); c'est

_____

(1) Rapport sur la loi des douanes, présenté le 26 mars 1832 à la chambre des

pour cela que depuis quatre ans le ministère n'ose pas appliquer à Alger (1) le régime colonial, cette portion si essentielle et si logique du système restrictif, qu'alors qu'on la répudie, on prononce la condamnation du reste; c'est pour cela qu'un des ministres actuels, dont le langage est le plus mesuré et les convictions les plus réfléchies, s'est vu forcé, pour obtenir la suppression du système des primes sur les sucres, de faire justice enfin de cet oppressif régime des colonies (2); c'est pour cela que la liberté a été accordée à nos soies et qu'elles peuvent se présenter sur les marchés étrangers; c'est pour cela que la prime à la sortie sur les sucres raffinés a été supprimée, et levée aussi la prohibition à l'entrée sur les cotons filés étrangers de haut numéro.

Un fait grave est venu donner plus d'intensité à l'opposition dont la restriction des échanges entre les nations est l'objet, parmi nous, depuis quelques années; c'est l'exposé des motifs du projet de loi de douanes présenté, le 5 février dernier, par M. Thiers, alors ministre du commerce.

Depuis long-temps, les hommes qui recherchent de bonne foi la vérité, et qui savent aussi la part qu'un gouvernement doit faire des faits préexistans, des existences assises à l'abri même de lois mauvaises, s'étonnaient et s'effrayaient de l'imprudence croissante de l'administration dans sa dé-

députés; rapporteur, M. Meynard; commissaires, MM. Tavernier, Gravier, Reynard, Teste, J. Lefèvre, de Chastelier, Cambis d'Orsan et Meynard. Ces paroles de la commission s'appliquaient particulièrement aux tarifs et prohibitions restrictifs de la production et du commerce des laines, et de l'industrie du lainage.

(1) Alger n'est pas soumis à notre tarif de douanes, ni à la double prohibition qui constitue le régime colonial. Toutes denrées, matières premières ou manufacturées y sont admises sous le paiement d'un droit de 4 pour 100 de la valeur, si elles sont françaises et importées sous pavillon français ou algérien, et de 8 pour 100, si elles sont étrangères ou importées par pavillons étrangers. Les vins et eaux-de-vie sont soumis à un droit de 15 pour 100, quel que soit le pavillon importateur; le sel français est sujet à un droit de 3 à 4 francs par 100 kilogrammes, suivant qu'il arrive par navires français ou étrangers.

(2) Le 23 avril 1833, M. Humann s'exprimait comme il suit, à la chambre des pairs, sur le régime colonial, dans la discussion de la loi sur les sucres.

« On a accordé aux colonies des encouragemens qui blessent la raison; est-ce un « motif pour les leur maintenir à toujours? Y a-t-il justice à sacrifier à l'intérêt « colonial la fortune de la métropole? On vous a fait le tableau de l'avantage que « la France recueille de ses colonies. Ces avantages sont contestables. Dans ma « profonde conviction, les bénéfices du colon, des armateurs et du commerce ne « s'élèvent pas à moitié des sacrifices que les colonies nous imposent. »

fense du système douanier ; chaque jour, en effet, dévoilait mieux la prétention de l'administration, de présenter ce système comme le résultat longuement médité d'une science économique très élevée, très supérieure à toute doctrine d'économie politique, à celle même dont elle permettait, dont elle payait l'enseignement dans les chaires publiques. Et certes, rien n'est plus propre à créer des résistances passionnées, et quand elles deviennent les plus fortes, à amener de brusques renversemens dans les institutions commerciales que de pareilles prétentions. Déjà sous l'Empire, elles s'étaient manifestées ; sous la Restauration, M. de Saint-Cricq était allé assez avant dans cette voie, pour attacher à son nom une impopularité qui, je le reconnais, dépasse les torts ou plutôt les erreurs qu'on peut lui reprocher ; M. d'Argout, après la révolution de juillet, avait persisté dans cette direction, bien que les lumières supérieures de son esprit le fissent évidemment pencher vers de plus libérales doctrines (1). Mais M. Thiers devait dépasser tous ses prédécesseurs dans cette prétention si contraire à la vérité, à l'histoire.

Il ne faut, en effet, ni de longues ni de profondes études historiques pour découvrir l'origine et suivre la trace de ce système restrictif, conséquence nécessaire d'une des plus mauvaises et des plus oppressives institutions, abattues par le réveil de 89, les corporations. Fondées sur le principe du monopole, du privilége, complètement destructrices de toute concurrence, comment, alors qu'elles étaient assez fortes pour l'étouffer à l'intérieur, n'en auraient-elles pas obtenu la complète suppression en ce qui concernait l'étranger, aidées qu'elles étaient à cet égard par la haine profonde que l'étranger inspirait ? Ecoutez le langage qu'elles parlaient ; voici ce qui se disait aux Etats-Généraux de 1626, et les conseils que l'on donnait au roi :

« Premièrement, nous demeurons tous d'accord que la France a ce bonheur, qu'elle *se peut aisément passer de ses voisins* ; ses voisins ne peuvent se passer d'elle. L'Espagne n'a pas de blé, outre qu'il est presque tout pourri, lorsqu'il arrive en ses ports, à cause de la longueur du chemin. Tout le septentrion n'a pas de vin ; nos sels, nos pastels, nos toiles, nos cordes, nos cidres, vont par tout le monde, et ne se cueillent en abondance que parmi nous. On peut donc hardiment *hausser le péage, sans rien craindre*, à tel point qu'il plaira au roi. La nécessité obligera ses voisins de *passer par nos mains*. En voulez-vous un exemple qui n'a pas

(1) M. d'Argout a, à la reconnaissance et à l'estime publique, un titre qu'elle ne doit pas oublier ; c'est sa proposition de loi sur les céréales, qu'un lourd assemblage de chiffres faux, et d'habiles manœuvres ont fait rejeter à la chambre des députés.

de contredit? Il y a trente années ou environ que le tonneau de vin valait 60 ou 80 écus à Bordeaux; les Anglais, les Ecossais, les Hollandais, l'enlevaient tous à ce prix-là; maintenant, il ne vaut plus que 15 à 16 écus. Quelle raison y a-t-il de leur souffrir ce gain à notre dommage? Oui; mais aussi, de leur côté, ils nous renchériront les marchandises qu'ils nous débitent. Examinons, s'il vous plaît, et vous jugerez l'importance que ce nous peut être. Il ne nous vient pas d'argent d'Angleterre *pour tout*: ceux qui se sont trouvés à Bordeaux ès temps des foires peuvent rendre ce témoignage. Ils portent des draps, des serges, quelque peu de plomb et d'étain; et *avec cela*, ils *enlèvent nos denrées*; les Hollandais nous fournissent en partie de *sucre*, de drogues, d'épiceries; les *soies* nous viennent du Levant; l'Allemagne nous fournit des chevaux; l'Italie, des manufactures. *Toutes ces choses sont si peu nécessaires qu'il serait à propos que l'entrée en fût absolument défendue.*

« Pourquoi faut-il que Milan, Lucques, Gênes et Florence, nous vendent si cher leurs draps de soie qui ne vont qu'au luxe, et par conséquent à la ruine de l'état; la seule ville de Paris en consomme plus que l'Espagne entière. Le roi Henri II fut le premier qui porta un bas de soie aux noces de sa sœur; maintenant il n'y a pas de petit valet qui ne se sentît déshonoré d'en porter un de serge. Et voilà où s'en va l'argent monnoyé de France. Marseille ne fait pas de plus grand commerce que celui-là. Quel danger y a-t-il donc qu'ils nous enchérissent leurs marchandises? Nous apprendrons peut-être par ce moyen à nous vêtir de nos laines, et à nous servir de nos draps. »

A quoi Louis XIII répondit en promettant de *renouveler et amplifier les priviléges du commerce*. (Déclaration du roi au parlement, 1er mars 1627.)

En style naïf, en langue appelant les choses par leur nom, tout le système restrictif est là. Ce que l'on disait alors et ce que l'on faisait, c'est, sous d'autres formes, ce que l'on dit et ce que l'on fait aujourd'hui. Dans cette comparaison, tout l'avantage est même, en vérité, pour nos aïeux; ils n'affichaient pas du moins la prétention de la science, prétention ridicule, pour ne pas employer un mot plus sévère, quand elle a pour but de défendre des priviléges, des monopoles, des violations du droit.

L'administration, apparemment en vertu de la maxime: *crescit e longinquo reverentia*, rappelle avec complaisance, quand elle invoque le secours de l'histoire, que l'acte de navigation date en Angleterre de Cromwell, en France de Louis XI. Quel argument! L'économie politique d'un temps qui, en ce genre, ne savait rien de mieux que les corporations, les jurandes, les maîtrises, la dérogation de la noblesse par le travail, appliquée par des hommes aussi profondément pénétrés du sentiment national de cette époque, c'est-à-dire de la haine de l'étranger, que l'étaient Louis XI et Cromwell, pouvait-elle produire autre chose qu'une mesure de restriction, de prohibition, de guerre? Et si ce n'étaient à cet acte et à tous ceux du même genre, produits de l'ignorance et des haines de ces temps malheureux, à quels actes devrait donc s'appliquer cet aveu que n'a pu retenir M. d'Argout :

« Des faits, qu'il est facile de vérifier, prouvent que les prohibitions prononcées à diverses époques étaient l'effet des emportemens du pouvoir, des représailles ou des moyens de guerre, et qu'après la cessation des causes qui les avaient produites, on ne croyait plus possible de les révoquer, parce qu'elles avaient donné naissance à des industries nouvelles, et avaient forcé le développement des anciennes (1). »

Si l'on examine avec attention les actes de Colbert et ceux de tous les ministres qui lui ont succédé, on les voit toujours dominés par les corporations, par les compagnies à priviléges, régler les tarifs de douanes sur les besoins et les demandes de ces corps constitués avant eux ou par eux, et à qui, en ces temps constamment obérés, ils vendaient fort cher les priviléges nouveaux qu'ils leur concédaient.

Si l'on recherche comment a été rompu le traité de 1786, ce traité aujourd'hui si peu connu, on voit que les guerres seules avec l'Angleterre y ont mis un terme, et que l'Assemblée Constituante, en un temps où le tiers-état y était puissant sans doute, où le commerce et l'industrie y auraient fait entendre leurs plaintes, si un tort réel avait été fait au pays par ce traité, n'a jamais eu à s'en occuper sous ce rapport; elle avait une bonne occasion pour le rompre, si elle l'eût voulu; c'était au moment où elle revisait le tarif entier des douanes; elle ne l'a pas fait.

Et le tarif même de l'Assemblée Constituante, ce tarif qui affranchissait de tous droits à l'entrée et à la sortie les matières premières principales de la consommation et de l'industrie, ce tarif, comment est-il tombé? C'est encore M. d'Argout, dans son *Exposé de Motifs*, déjà cité, qui nous l'apprendra. «La Convention, dit-il, par sa loi du 1er mars 1793, a prohibé une multitude d'articles, en haine des puissances qui faisaient la guerre à la république? » Après la Convention, les guerres impériales nous

(1) *Exposé des motifs* du projet de loi sur les douanes présenté par le ministre le 3 décembre 1832. Cette argumentation de M. d'Argout avait pour but de prouver que l'administration n'avait jamais obéi à un système, mais aux nécessités du temps, et qu'aujourd'hui elle repoussait autant les principes de la prohibition, que les principes de la liberté commerciale. De l'éclectisme en matière de douanes!

ont donné le système continental ; après l'Empire, et pour reconstituer la grande propriété, nous avons eu le système Saint-Cricq ; le gouvernement issu de juillet oubliera-t-il que, comme l'Assemblée Constituante, il est né de la volonté populaire, et préférera-t-il marcher dans les voies de l'Empire ou de la Restauration (1)?

Ces enseignemens de l'histoire sont aussi simples que précis. Conséquence inévitable du régime d'inégalité sur lequel se fondaient les corporations et leurs absurdes et oppressifs priviléges, le système restrictif de la concurrence étrangère a été admis et employé par les gouvernemens européens, soit comme moyen de fiscalité, soit surtout comme moyen de guerre ; il s'appuyait à la fois sur l'intérêt de la classe moyenne, sur les passions de la classe inférieure. Mais à moins qu'on ne soutienne que les

(1) Voici la comparaison du tarif de l'Assemblée Constituante et du tarif actuel pour les principaux objets de la consommation et de l'industrie.

MARCHANDISES.	TARIF DE 1791.	TARIF DE 1834.
Céréales	franches de droit. —	16 à 80 p. c.
Bœufs	id. — — —	50 fr. par tête.
Moutons.	id. — — —	5 »
Fonte de fer.	id. — — —	9 fr. les 100 kil.
Coton.	id. — — —	5 à 50 fr. »
Peaux et cuirs	id. — — —	1 à 10 fr. »
Cuivre	id. — — —	2 à 4 fr. »
Potasse	id. — — —	15 à 18 fr. »
Chanvre et lin teillés. .	id. — — —	8 à 10 fr. »
Laine.	id. — — —	22 p. c. de la valeur.
Charbon de bois . . .	id. — — —	» 10 c. les 100 kil.
Charbon de terre, importé par mer.	id. — — —	1 f. 10 c. »
Huile d'olive	9 à 15 fr. les 100 kil.	25 à 35 fr. »
Fer	2 fr. »	15 à 25 fr. »
Fil de lin et de chanvre	. 50 c. »	14 fr. »
Sucre	9 fr. »	40 à 90 fr. »
Indigo	30 fr. »	75 à 300 fr. »
Tapis de fil et de laine	100 fr. »	300 fr. »
Autres tapis de laines	144 fr. »	prohibés.
Fil de coton	45 fr. »	prohibés.

Sur quelques articles fabriqués, les droits de 1791 étaient égaux ou supérieurs à ceux de 1834. Au droit indiqué plus haut pour le fer, il faut ajouter un *droit de marque* de 2 fr. les 100 kil.

intérêts des classes moyennes veulent être aujourd'hui développés par les mêmes violations du droit commun et de la liberté qu'avant 89, à moins qu'on ne soutienne aussi que les passions populaires aujourd'hui sont aussi arriérées que dans les derniers siècles, comment embrasser sérieusement la défense du système restrictif?

L'administration, celle au moins de juillet, avait un beau et digne rôle à prendre. Les représailles dictées par l'emportement révolutionnaire ou par l'ambition impériale, les fausses mesures imposées par l'esprit réactionnaire de 1815, avaient constitué une situation industrielle et commerciale évidemment contraire aux principes du nouveau gouvernement. Il fallait l'avouer hautement, et proclamer sans détours la nécessaire et irrésistible tendance de nos institutions politiques à l'affranchissement industriel et à la liberté des échanges; en se donnant le mérite de cette franchise et de cette fermeté, l'administration s'assurait une force immense pour modérer, autant qu'il eût été nécessaire, la transition d'un état vicieux et ruineux à un état régulier et prospère; pour opérer, sans embarras, sans secousses, l'abaissement successif et patient des droits de douane à l'abri desquels s'étaient établies certaines industries. Quand des principes nets et logiques sont posés, l'esprit public se prête avec une merveilleuse facilité à les appliquer avec lenteur et modération. Nous en avons sous les yeux une preuve assez belle, assez grave; c'est le ménagement et la patience de l'Angleterre dans sa réforme économique; le but lui est clairement indiqué; dès-lors ce qui lui importe, c'est de s'en approcher chaque jour, et non d'y arriver en un jour.

Si l'administration, parmi nous, avait eu la même sagesse et la même fermeté, elle ne se verrait pas aujourd'hui poussée aux mesures violentes pour l'affranchissement industriel, et quelquefois obligée de les provoquer elle-même, comme dans cette subite suppression de la prime à la sortie sur les sucres raffinés, et comme la diminution de la prime à la sortie sur les cotons filés, mesures qui ont eu quelque chose de l'allure révolutionnaire, parce que l'administration n'avait pas osé mettre la discussion sur son vrai terrain.

Non-seulement elle ne l'a pas osé, mais elle a même entièrement perverti la discussion des questions commerciales par sa prétention à présenter le système restrictif comme une théorie scientifique, mûrie par le temps, sanctionnée par l'expérience; elle n'a pas songé que la présenter ainsi, c'était s'imposer le devoir d'y persister plus que jamais, et dès-lors lui susciter des résistances désespérées. J'ai dit quels avaient été à cet égard les efforts de MM. de Saint-Cricq et d'Argout, j'ai dit aussi que M. Thiers les avait dépassés. Jamais, en effet, le système exclusif ou restrictif de la concurrence étrangère ne fut érigé en dogme, ou drapé du manteau de la science, avec plus d'assurance que dans l'exposé de motifs du projet de loi de douanes présenté par ce ministre. Avec ce talent clair, nerveux, rapide, qui lui est propre, M. Thiers a réchauffé de son style, a paré de ses couleurs, le régime des prohibitions et des restrictions; il a cherché à lui donner un corps, à former un faisceau de ses argumens épuisés, à l'élever enfin à la dignité de la *véritable science;* nouvelle opération de Pélias, et qui a consommé la fin du moribond un instant ranimé.

Si le principe de la science constituée par M. Thiers n'est ni progressif ni généreux, il est du moins d'une parfaite clarté; c'est une bonne et simple déclaration de guerre industrielle. « Les nations ont un penchant *irrésistible* à faire des *conquêtes* industrielles les *unes sur les autres.* Pour y parvenir, elles *prohibent* ou *renchérissent,* au moyen d'un tarif, certains produits étrangers, afin de créer à leurs propres citoyens un avantage à les produire. C'est là un instinct universel. Les tarifs de douanes (c'est-à-dire les prohibitions et les restrictions) sont un instrument dont aucune nation n'a pu ni ne pourra se passer (1). »

Tel est le principe, absolu, certes, s'il en fut, malgré l'horreur que les exposés de projets de lois sur les douanes professent, comme on sait, pour les principes absolus. Mais le ministre s'empresse de le modifier : « Cet instrument indispensable à toute nation, il en peut être fait un emploi bon ou mauvais. Employé comme représailles, il est funeste ; comme faveur, il est abusif; comme encouragement à une industrie exotique, qui n'est pas importable, il est impuissant et inutile. Employé pour protéger un produit qui a chance de réussir, il est bon. » Voilà de l'assurance et de la netteté ; mais cette assurance, où est sa base? mais cette netteté, ne serait-elle pas plutôt dans les termes que dans les idées?

(1) Ceci est une erreur matérielle. La Suisse n'a pas de tarifs de douanes; la Saxe n'avait que quelques droits d'octrois à Leipsig; la Prusse n'a pas une seule prohibition ; nous l'avons vu plus haut.

L'incroyable industrie de la Flandre dans les quatorzième et quinzième siècles était-elle le produit du système prohibitif ou restrictif? Les 50,000 tisserands que l'on comptait à Louvain en 1382, les 200,000 que l'on comptait à Ypres en 1342, ceux de Gand qui, en 1380, sortirent en trois armées (Michelet, *Histoire de France,* t. 11, page 109), travaillaient-ils à l'abri d'une ligne de douanes ; et quand ils passèrent en Angleterre, y étaient-ils appelés, parce que l'Angleterre faisait son éducation industrielle au moyen des tarifs?

Le système restrictif, dites-vous, est bon pour protéger un produit qui a *chance de réussir*.

EN DROIT, monsieur le ministre, je vous demande qui jugera de cette chance? Où sont-ils donc ces juges consommés dans les questions industrielles, ces *prophètes dans leur pays*, qui puissent ou osent prononcer que telle industrie a chance de réussir, et qu'il y a lieu d'imposer au pays, au profit de quelques fabricans, une taxe indirecte, sans contrôle et sans publicité, pour que cette chance puisse être courue par ces fabricans? S'il se trouvait des hommes doués d'une telle perspicacité ou d'une telle présomption, quelle limite fixeraient-ils à l'expérience? Deux ans? Dix ans? Un quart de siècle? Une génération? Sur quelle base décideraient-ils qu'il faut une prohibition plutôt qu'un droit protecteur, *et vice versa*? S'ils ont choisi le droit protecteur, d'après quelle donnée, expérimentale ou scientifique, fixeraient-ils la part du marché national qui peut être laissée à l'étranger? Sera-ce le centième, comme pour les céréales, ou le trentième, comme pour les fers, ou plus du tiers, comme pour les houilles, ou de vingt-quatre pour un, comme pour le plomb (1)?

EN FAIT, vos propres paroles, les expériences rapportées par vous, les applications les plus importantes du système restrictif consignées dans votre *Exposé de motifs*, détruisent le principe qui sert de base cependant à cet *Exposé*. Prenons, pour exemple, ce que vous dites sur les laines.

S'il y a une industrie que la France puisse et doive acclimater chez elle, à laquelle son sol, son climat avec toutes ses variétés, ses habitudes et le génie de ses habitans, se prête favorablement, c'est l'éducation des troupeaux. Nous en avons chez nous tous les élémens; et, malgré une législation que tout le monde aujourd'hui reconnaît et déclare mauvaise, nous y avons fait d'incontestables progrès. Eh bien! cependant, s'il fallait admettre votre doctrine, l'industrie des laines n'aurait chez nous aucune chance de réussir, et il faudrait la classer parmi *les industries exotiques, qui ne sont pas importables, et pour lesquelles le système restrictif est impuissant et inutile.* Que dites-vous, en effet, de l'influence que ce système a exercée sur cette industrie? « Que son *but n'a pas été atteint, et*

(1) Si l'on compare les quantités d'importation et d'exportation des blés en France depuis 1814, on trouve que l'excédent des importations équivaut à 70 jours de nourriture pour 19 années, soit 6935 jours; c'est donc à très peu près le centième de notre production. Quant au fer, nous en produisons 180,000,000 de kil., et nous en importons moyennement 6,000,000. Nous produisons 16,000,000 environ d'hectolitres de houille, et nous en importons 6,000,000. Nous produisons 500,000 kil. de plomb; nous en importons 12,000,000.

que de funestes effets en ont été la suite; que les éleveurs de troupeaux n'en ont pas profité : que nos fabriques de drap en ont souffert. » Ainsi, voilà une industrie devant laquelle le système protecteur est demeuré plus qu'inutile, plus qu'impuissant. Développée, vous le reconnaissez, *avant* le droit protecteur, développée par nos communications avec l'Espagne, alors qu'il n'y avait pas de douanes entre elles et nous; développée, en un mot, par des encouragemens bien entendus, et par le libre échange avec le pays producteur des plus belles laines, cette industrie fléchit et décline le jour où on lui applique le moyen suprême, suivant vous, d'éducation industrielle, cet unique promoteur, à vos yeux, des progrès de la production, le droit protecteur. — Il y a donc des productions, des industries qui ont chance de réussir sans droits protecteurs? Mais alors, où sont vos formules? Il y a donc d'autres moyens de hâter les progrès de l'agriculture et des fabriques que les tarifs de douanes? Mais alors, où est votre système?

Si la funeste influence du droit restrictif de la concurrence étrangère a pu être prouvée pour les laines, à quoi cela tient-il? Les fabricans de drap français sont riches et nombreux; ils ont voix et influence dans les conseils des manufactures et dans les chambres; ils ont pu y faire pénétrer la vérité, et imposer les aveux qu'on vient de lire sur une des plus importantes applications du système restrictif. Supposez que les consommateurs d'autres matières premières importantes, par exemple, les constructeurs de machines qui consomment du fer, fussent nombreux et riches comme les fabricans de drap, et croyez qu'ils vous démontreraient aussi et qu'ils vous amèneraient à confesser qu'ils souffrent notablement du droit sur les fers, et que le plus grand profit du droit n'a pas été pour les maîtres de forge; ils vous prouveraient, et vous avoueriez, que le droit restrictif de la concurrence des fers étrangers n'a profité surtout qu'aux propriétaires de forêts, c'est-à dire aux hommes qui exploitent l'industrie la plus facile, la plus oisive. Il est vrai que la France a eu ce bonheur que ces privilégiés du système restrictif tinssent rang parmi ses plus riches propriétaires, et parmi ses plus hautes influences politiques. La chambre des pairs en est peuplée (1).

(1) M. J.-B. Delaunay, président de la commission commerciale du Hâvre, s'exprime comme il suit dans sa dernière *Lettre à M. Duchâtel, ministre du commerce.*

« Avez-vous réfléchi, monsieur, que le roi, en sa qualité de grand propriétaire des forêts, est intéressé dans cette question? Ou, si cette réflexion ne vous est pas échappée, savez-vous, monsieur, que les antagonistes de notre nouvel état politique se sont emparés de ce fait pour insinuer que le monopole des fers ne sau-

Puisque je viens de parler des fers, je reproduirai ici la principale partie de l'*Exposé* de M. Thiers en ce qui concerne cette industrie; elle renferme, sans aucun doute, l'argument le plus net, le plus direct, le plus spécieux, qui ait encore été invoqué en faveur du système restrictif.

« Le droit à l'abri duquel se développent les fers *n'est-il pas trop élevé?* N'est-il pas fâcheux pour l'agriculture, pour la navigation, pour tous les arts, de payer 30 et 32 francs des fers que les Anglais, sans notre tarif, donneraient à 16, et même quelquefois à 15 francs? Nous en convenons, et pour laisser au raisonnement toute sa force, nous ne dissimulons pas le bas prix auquel les Anglais nous livreraient leurs fers (1). »

« D'abord nous répondrons que cette plainte tant répétée de l'agriculture et de la navigation n'est pas juste; car on pourrait dire à l'agricul-

rait être détruit, et compromettre par là la popularité du roi et de sa dynastie? Cependant je tiens d'une source certaine que, sur cette question, le roi a formellement déclaré qu'il entendait que ses intérêts particuliers fussent mis entièrement hors de cause. Mais qu'importe à l'impitoyable cupidité de nos monopoleurs la popularité du roi et de sa dynastie? Pour eux, le meilleur chef de l'état sera toujours celui qui maintiendra leurs priviléges. »

L'affirmation de M. J.-B. Delaunay sur la déclaration du roi, par rapport à la question des fers, est grave. M. Delaunay n'affirme que ce qu'il sait bien. Je ne saurais trop recommander aux personnes qui s'occupent de ces questions aujourd'hui si controversées les écrits de cet excellent citoyen, de cet économiste pratique.

(1) En voulant laisser au raisonnement *toute sa force*, M. Thiers ne s'est pas aperçu, sans doute, qu'il lui donnait *trop de force*. Ce prix de 13 francs par quintal métrique de fer anglais, M. Thiers, une page plus loin, dit qu'il n'existe que dans le pays de Galles, et que c'est le *prix de revient*, qu'à 14 et 15 francs, il n'y a qu'un bénéfice modique, et qu'il faut ajouter pour arriver dans nos ports 2 francs de frêt et commission, soit 16 à 17 francs.

Mais de combien monterait le prix du fer du pays de Galles le jour où le marché français lui serait plus largement ouvert? M. Thiers ne le dit pas.

Nous trouverons ce renseignement dans le rapport fait au conseil des manufactures dans sa session de 1831, par un maître de forges, rapport dont la conclusion était, comme on sait, une baisse de 1 fr. par an, pendant cinq ans, à partir de 1835. « Les fers anglais, disait le rapporteur, commencent à remonter. Cela tient au bruit qui s'est répandu en Angleterre que les droits allaient être diminués. » L'augmentation était de *vingt pour cent*.

ture, qu'elle aussi fait payer les laines et les bestiaux plus cher à toutes les classes de la société; à la navigation, qu'elle aussi est protégée par des droits différentiels très élevés; que toutes les industries étant protégées également sont cause à leur tour de la cherté de nos produits; qu'il n'en est pas une seule à qui une autre n'ait une plainte à adresser; que cette logique récriminatoire n'est pas saine, car il faudrait, pour être juste, décharger tout le monde des droits imposés pour protéger tout le monde. Resterait à demander si on voudrait se trouver en présence de toutes les nations, sans droits sur les céréales, sur les bestiaux, sur les cotons, sur les fers, sur les machines, sur les houilles; si, ayant acquis, il est vrai, une des conditions nécessaires pour produire le bon marché, d'avoir les vivres, les vêtemens, les matières premières à plus bas prix, on croirait cependant avoir acquis toutes les conditions nécessaires; et si, n'ayant ni l'expérience des Anglais, ni leur capitaux, ni leur viabilité immense, on voudrait cependant lutter avec eux pour faire toutes ces choses. Quand tout le monde aura accepté la suppression simultanée de tous les droits, et que les fers, par exemple, privés du droit qui les protége, ne supporteront plus, pour leur part, le droit qui protége l'agriculture et la navigation; quand le marché sera accepté, alors on pourra agir, non plus à l'égard d'une seule industrie, mais à l'égard de toutes sans exception. Alors seulement il y aura justice.

« Jusque-là, nous ne pouvons admettre le raisonnement qui fait dire que le fer coûte cher à l'agriculture et à la navigation; car les deux dernières coûtent aussi à tout le monde. Ce raisonnement part d'un point de vue étroit, du point de vue de l'envie; il mettrait la guerre civile dans le pays. Le point de vue véritable est celui-ci : l'industrie du fer peut-elle se développer en France? A-t-elle fait assez de progrès pour nous donner l'espérance du bon marché?

« Le droit qui la protége est-il suffisant ou exclusif pour le but qu'on se propose ? »

Remarquez d'abord que la question posée par le ministre était celle-ci : Le droit à l'abri duquel se développent les fers n'est-il pas trop élevé? et qu'il y fait cette réponse : Non, l'agriculture et la navigation n'ont pas le droit de dire que le fer coûte cher, attendu qu'elles aussi coûtent à *tout le monde*. Mais combien coûtent donc l'agriculture et la navigation? Le droit qui les protége est-il de plus de 170 pour 100 comme celui qui protége les fers? Alors, sans doute, elles n'auraient pas le droit de se plaindre de la cherté du fer; il resterait à savoir ce qu'en penserait *tout le monde*; mais si le droit protecteur de la navigation et de l'agricul-

ture n'est pas la moitié, pas le tiers, pas le quart (1) de celui des fers,
n'ont-elles pas le droit de dire que le fer est trop cher et pour elles et
pour tout le monde?

M. Thiers dit que les diverses industries françaises sont *également protégées.* De quelque manière que l'on entende ces expressions, c'est une
erreur. S'il veut dire par là que toutes les industries sont protégées, il
se trompe. Protége-t-on, par exemple, l'industrie de l'éclairage par le
gaz? Non; l'on ne saurait mettre de droits à l'entrée sur le gaz, et cette
industrie souffre, sans aucune compensation, des droits sur le charbon
étranger. J'en pourrais citer d'autres encore, sans compter celles qui sont
protégées sans l'avoir demandé : ainsi la plupart des industries parisiennes.
Veut-il dire que le droit protecteur est égal pour toutes? Nous venons de
montrer qu'il est essentiellement inégal pour les fers, les laines et les cé-

(1) Sur le taux de la protection accordée aux fers, voici les chiffres donnés par
la dernière commission des douanes (rapport du 29 avril 1834).

> Prix du fer anglais au Hâvre, le tonneau   160 fr.
> Prix du fer français au Hâvre   »   340 »
> Droits actuels. . . . . . .   »   275 »

Soit *cent soixante-douze pour cent* du prix du fer anglais au Hâvre, et
quatre-vingt-un pour cent du prix du fer français dans le même port.

Le droit actuel sur les laines étrangères est de *vingt-deux pour cent* de leur
valeur; ainsi cette grande industrie agricole est *huit fois moins* protégée que celle
des fers, et nous avons vu plus haut que le ministère lui-même reconnaissait qu'elle
était trop protégée.

Pour les céréales, on sait que le droit restrictif de l'entrée du blé étranger aug-
mente à mesure que baisse le prix du blé dans l'intérieur.

A un prix moyen de 20 fr.,	le droit est de 3 fr. 25 c.	soit 16 1/4 p. o/o
»	»	19 »	4 » 75 »	25	»
»	»	17 »	7 » 75 »	45	»
»	»	15 »	10 » 75 »	71	»

Ce dernier taux de 71 p. o/o n'existe que lorsque le prix moyen du blé en France est
à *quinze* francs l'hectolitre, c'est-à-dire seulement dans quelques années consécutives
de très grande abondance. Le prix moyen du blé en France, sous l'influence du système actuel et avec de bonnes récoltes, peut se calculer à 17 fr.; le droit protecteur est alors la *moitié* du droit accordé aux fers. Au prix moyen de 19 fr., prix
qui résulte des récoltes ordinaires, la protection accordée aux céréales est *moins
du tiers* de la protection accordée aux fers.

3.

réales ; combien d'autres exemples n'y pourrions-nous pas ajouter (1)? La
quotité des taxes restrictives est essentiellement variable de l'une à l'autre
matière ; la première condition des impôts, l'égalité, y est violée à chaque
pas. Lourdes pour les uns, légères pour les autres, ces taxes manquent à
la condition fondamentale de toute taxe, l'équité. Leur utilité peut-elle être
mieux défendue? Jugeons-la d'après les paroles mêmes du ministre. « Le-
vez ces taxes, dit-il, et ayant des vivres, des vêtemens, des matières premières à bas prix, vous avez une des conditions nécessaires pour produire
à bon marché. » Il ne dit pas si cette condition est la condition essentielle ; mais la plus simple ignorance peut suppléer ici à son silence : oui,
c'est bien là la condition essentielle d'une vaste et régulière production,
condition auprès de laquelle toutes les autres sont secondaires.

Ainsi les taxes restrictives violent l'équité et nous privent du bon marché dans nos matières premières, dans nos vêtemens, dans nos vivres.
Quel motif pour ne pas les supprimer? C'est, dit M. Thiers, que nous
n'avons ni l'expérience des Anglais, ni leurs capitaux, ni leur immense
viabilité. Il semble que la conclusion expresse, formelle, de cette argu-

(1) Voici la comparaison des droits existans en 1831 sur quelques-unes des matières les plus importantes pour l'industrie, en France et en Angleterre.

Marchandises.	Valeur du quintal métrique en entrepôt.		Droit anglais.		Droit français.
Coton. . . .	150 fr.	—	5 p. o/o	—	15 p. o/o
Laine . . .	200 »	—	5 3/4 »	—	33 »
Suif. . . .	78 »	—	10 »	—	24 »
Potasse. . .	56 »	—	libre	—	30 »
Salpêtre. . .	72 »	—	1 3/4 »	—	80 »
Huile d'olive .	80 »	—	26 »	—	40 »
Fonte de fer .	12 »	—	32 »	—	82 »

Sous des droits si différens, voici les importations moyennes, de 1827 à 1831,
de quelques-unes des marchandises ci-dessus dans les deux pays.

	Angleterre.			France.
Coton . . .	1,076,560 qu. m.	—	—	292,576 qu. m.
Laine . . .	128,480 »	—	—	77,020 »
Suif. . . .	533,760 »	—	—	32,199 »
Potasse. . .	80,790 »	—	—	50,817 »
Salpêtre . .	77,290 »	—	—	15,600 »

(*Journal du Havre.*)

mentation va être que le gouvernement ne saurait déployer trop d'activité, ni mettre en jeu trop de ressources pour nous donner la viabilité de l'Angleterre, pour nous mettre à même de suppléer à ses capitaux, à son expérience, afin de nous affranchir au plus vite de ces taxes inéquitablement assises, et exclusives du bon marché; point du tout : la conclusion, nous l'avons vu, c'est que, puisque tout le monde souffre, personne n'a le droit de se plaindre; c'est que l'agriculture et la navigation, étant protégées, n'ont rien à dire de la protection accordée au fer; c'est qu'enfin la véritable question n'est pas de savoir si le fer coûte trop cher, mais si *le droit qui protége le fer est suffisant ou exclusif pour le développement du fer.* A une question ainsi posée, la réponse pourrait très bien être une augmentation dans le droit sur les fers étrangers, et non une diminution. Vienne en Angleterre une découverte qui ferait fortement baisser le prix du fer, et, en raisonnant d'après les principes posés par le ministre, il est évident qu'il faut augmenter le droit en France, jusqu'à ce que cette découverte y soit installée aussi, et qu'elle ait pu déterminer un égal abaissement dans le prix du fer français.

Les chiffres et les argumens de M. Thiers ont été soumis à une singulière épreuve. Traitant la question des houilles, il s'exprimait ainsi : « *Une réduction d'un tiers* sur le droit, en amenant une amélioration de prix de *six à sept sous* sur la frontière de mer, ferait arriver, à coup sûr, les houilles anglaises assez avant pour ruiner nos principaux établissemens... Nous n'avons pas la force de consommer une pareille ruine. » M. Thiers parlait ainsi en février; en avril, le parlement anglais abaissait le droit de sortie sur les houilles, et produisait ainsi une baisse de *huit sous.* Nous entrons en novembre; nos principaux établissemens sont-ils ruinés ?

Au reste, ces incroyables terreurs de M. Thiers, terreurs qui n'appartenaient vraiment qu'à lui, la dernière commission des douanes les avait si peu partagées, qu'en présence de cette déclaration si affirmative du ministre du commerce qu'une baisse de *sept sous* dans le droit pouvait ruiner nos établissemens, la commission proposait précisément cette réduction. « La commission, dit le rapport, page 45, pour satisfaire à un besoin généralement exprimé, *propose une diminution d'un tiers sur les droits existans.* » Le droit, sur la frontière de mer, est de 1 fr. 10 c.; la réduction aurait donc été de 55 c. (1).

Que ce soit par les raisons que je viens d'exposer ou par d'autres, il est certain que la tentative de M. Thiers, de donner des bases et une allure

(1) On sait que ce rapport n'a pu être discuté.

scientifiques au système restrictif, a été le signal d'une opposition plus vive que jamais contre ce système. C'est alors que les commissions commerciales du Hâvre et de Bordeaux ont publié leurs protestations si animées, si raisonnées, premiers exemples d'actes d'opposition du commerce. C'est alors que l'on a vu les cinq cent huit premières maisons de Bordeaux déclarer :

« Que le projet de loi de M. Thiers, négation de tous les principes et de tous les systèmes, au lieu de rendre les intérêts matériels à la liberté, les soumet à l'arbitraire le plus absolu, en érigeant en économie publique l'empirisme le plus aveugle....

« Que, sans égard pour l'égale répartition des charges, que garantit la constitution, et qui oblige le gouvernement à donner la même assistance ou la même liberté à chaque industrie, le projet manifeste des préférences, constitue des distinctions, maintient des priviléges, en vouant quelques industries à des travaux infructueux, et même à une ruine inévitable, afin d'assurer la prospérité et ce qu'il appelle les *conquêtes* de certaines autres industries....

« Qu'une pareille économie politique est d'autant plus désespérante qu'elle ne laisse pas apercevoir l'époque où elle cessera d'exiger des sacrifices aussi pénibles; car, suivant elle, le progrès industriel ne s'obtenant que par les prohibitions, elle ne pourra les lever que lorsque les produits protégés auront atteint un tel degré de perfection qu'ils n'auront rien à redouter de l'introduction sur nos marchés des produits similaires de l'étranger; qu'espérer une pareille situation pour certaines industries, c'est supposer à peu près l'impossible, puisque les nations rivales que nous excluons aujourd'hui, continuant à développer des ressources naturelles, nous laisseront toujours en arrière de leurs progrès, nous qui ne pouvons mettre en œuvre que des moyens factices.... »

Après avoir ainsi sapé sur toutes ses faces le projet de loi ministériel, les signataires de la protestation, c'est-à-dire la place entière de Bordeaux, déclaraient :

« Que si le projet de loi venait à être promulgué comme loi de l'état, ils s'engageaient à poursuivre sa révision devant la prochaine législature avec l'énergie et la persévérance qu'inspire le bon droit. »

Le Hâvre, dans un travail signé par le commerce entier de cette ville, moins quatre à cinq noms, adhérait pleinement à la protestation de Bordeaux; il ne repoussait, ni avec moins d'énergie ni avec moins de logique, et les prétentions théoriques, et les erreurs pratiques du travail de M. Thiers, et surtout cette assertion que l'industrie ne peut naître ou se développer qu'à l'abri des tarifs et des lignes de douanes.

Qui ignore aujourd'hui, disait la commission,

« Que la France est débordée depuis quelques années dans son industrie d'étoffes de soie et de coton par divers pays (la Suisse, la Prusse, la Saxe), qui n'ont jamais, dans ces branches, été protégés, les uns par aucun droit, les autres que par des droits très faibles;

« Que, malgré toutes les entraves imposées au transit, des quantités assez considérables de tissus de soie et de coton arrivent journellement de ces pays au Hâvre, pour y être embarquées pour les divers marchés d'outre-mer, où ils vont faire concurrence aux marchandises anglaises ou françaises de même espèce;

« Que la Belgique, qui, lorsqu'elle faisait partie de la France, était, pour la fabrication des cotonnades, protégée par le régime prohibitif, a, peu de temps après avoir passé sous la domination de la Hollande, soutenu, dans cette fabrication, la concurrence des manufactures anglaises, sous des droits très modérés, et qu'aujourd'hui même qu'elle est séparée de la Hollande, et qu'elle a perdu, par cet événement, les avantages qu'elle avait dans ses relations privilégiées avec les colonies hollandaises, elle n'en poursuit pas moins avec succès cette branche d'industrie. »

Ces protestations, les adhésions de plusieurs autres places de commerce et de fabrique, l'unanimité de toute la presse indépendante, le mouvement non douteux de l'opinion publique, ne pouvaient rester sans effet; et l'on vit la commission de la chambre des députés, chargée de l'examen du projet de loi, *refuser son concours* aux doctrines et aux plans de M. Thiers. J'ai dit plus haut sa réponse aux terreurs du ministre relativement à une baisse du droit sur les charbons étrangers. L'ensemble du rapport indique, bien qu'avec une grande timidité, la répulsion décidée de la commission pour ce vieux et faux système, dont l'incontestable talent du ministre ne pouvait, à ses yeux, dissimuler le vide et la stérilité; sans accueillir l'avis de la minorité, dont j'ai plus haut donné l'extrait, la commission, en définitive, déclarait que tous ses efforts avaient été consacrés *à préparer les voies à une liberté progressive.*

Son rapport contient une preuve digne de remarque de l'hésitation de la majorité, et de l'opposition de la minorité relativement aux restrictions commerciales; le ministre demandait un accroissement de tarif protecteur pour les fils de lins : la majorité cédant à la minorité a admis, « qu'il était utile de soumettre à un essai le principe de la libre concur-
« rence, et de vider par l'expérience la lutte qui existe entre les deux sys-
« tèmes d'économie politique. » En conséquence la commission n'accordait que le quart de l'augmentation proposée par M. Thiers.

Mais cette augmentation même, le nouveau ministre du commerce n'a pas cru devoir l'introduire.

Déjà l'avènement de M. Duchâtel à ce ministère avait paru la plus significative protestation que le cabinet pût admettre dans son sein contre ce malencontreux exposé de motifs, acte évidemment isolé de M. Thiers. Rien jusqu'ici n'empêche de croire que ce soit ainsi que M. Duchâtel a compris sa position ; si l'on peut craindre de sa part quelque timidité, on ne craint pas du moins qu'il apostasie les principes d'économie politique qu'il exposait dans *le Globe*, il y a quatre ans, avec un remarquable talent. Puisse cette confiance de l'opinion publique dans sa foi et dans sa fidélité à ses anciennes convictions, lui donner toute la force nécessaire dans sa belle et difficile position! Quoi qu'il en soit, sa réponse à l'exposé de motifs de M. Thiers, et à la demande d'augmentation de droits sur les lins filés étrangers, a été celle-ci (*Rapport au roi et ordonnance du 8 juillet* 1834) :

« Sur le lin, soit à l'état brut, soit peigné, les droits sont réduits de moitié. C'est *le meilleur encouragement* à donner aux filateurs de lin. Le gouvernement ne refusera pas ses soins et sa protection à cette industrie si digne d'intérêt. Mais je ne conseillerai pas à Votre Majesté de lui accorder une augmentation de droits sur les lins filés étrangers ; si la prudence commande de ne toucher qu'avec de grands ménagemens aux taxes depuis long-temps établies, au *moins n'en créons pas de nouvelles*. C'est à l'habileté et à la persévérance des filateurs français à soutenir, sous le régime actuel, la concurrence des étrangers. »

M. Duchâtel ne voit donc pas dans la prohibition ou dans la restriction de la concurrence étrangère le seul moyen d'éducation industrielle d'un peuple, ou de développement d'une industrie spéciale. Les faits que j'ai résumés dans ce travail, et qui sont dès long-temps connus de tous les hommes qui étudient avec soin ces graves matières, ne permettent pas, en effet, de faire un tel honneur au système restrictif. Quelques mots encore cependant sur ce point.

Comment s'est développée chez nous la première de nos industries, celle des soies? Est-ce par le système restrictif qui frappait la matière première à l'entrée et à la sortie, et auquel on a été obligé de renoncer en le déclarant inutile pour cette industrie, en reconnaissant qu'elle avait été *génée par de ridicules entraves* (1)? Notre éducation industrielle en matière de produits chimiques, de teintures, d'impressions sur étoffes, éducation si bien faite, qu'aucun peuple ne nous surpasse dans ces branches de pro-

(1) *Exposé de motifs de M. Thiers*, p. 24.

duction, est-ce vraiment à la prohibition ou à la restriction de la concurrence étrangère qu'il en faut attribuer le mérite? Je ne crains pas de porter aux partisans de ces malheureux moyens le défi de le prouver ; et ils
ne prouveraient pas davantage que ce soient nos tarifs de douanes qui nous
ont fait faire de si belles découvertes dans l'art de la distillation, ni tant
de progrès dans la fabrication des instrumens d'optique et de précision,
et dans les bronzes et dans les porcelaines, et dans les arts typographi-
ques. Supérieurs à toute nation dans le dessin industriel, est-ce à la
prohibition des dessins étrangers que nous devons notre primauté? Et
vraiment, la peinture et la sculpture, ces poétiques preuves du génie
spécial d'une nation dans certains arts industriels, est-ce à nos lignes de
douanes que nous devons de les voir chez nous plus avancées et plus fé-
condes que chez aucun autre peuple? Si nous sommes si riches à cet
égard, ne serait-ce pas qu'au lieu de prohiber Raphaël et Michel-Ange,
nous avons reçu aide et protection pour étudier leurs chefs-d'œuvre, pour
les transporter parmi nous, afin de susciter une constante émulation au
sein d'une population faite pour les comprendre et les imiter?

Notre belle et immense fabrication de châles, de châles de luxe et de
châles à bas prix, de châles au *lancé* et au *bouclé*, et de châles imprimés,
la filature et le tissage du cachemire, à quelle prohibition les devons-nous?
Quel tarif de douanes a suscité notre belle industrie des papiers peints, et
celle de l'ébénisterie, et celle de la ganterie et des modes? Les étoffes mé-
langées, si déjà nous y avons acquis tant de supériorité, à quelle protection en sommes-nous redevables? Si les marchés étrangers ne sont pas
couverts de nos admirables produits en ce genre, qui ne sait que c'est à
la taxe sur les laines étrangères qu'il faut s'en prendre? Les négocians de
Lyon paient jusqu'à cinquante, soixante et quatre-vingt pour cent de
prime pour obtenir par la contrebande des laines peignées qui n'ont pas
d'analogue chez nous, et avec lesquelles, malgré ce désavantage, ils com-
posent des articles d'exportation supérieurs à ceux de l'Angleterre dans
le même genre.

Je ne sais si le tableau que je viens de présenter, si les faits que j'y ai
rassemblés, et les argumens dont je les ai appuyés, porteront dans l'esprit
de ceux qui me liront la conviction qui domine le mien, sur la nécessité
de mettre un terme aux restrictions commerciales et à la compression de
l'industrie. Souvent la raison est satisfaite et les objections sont toutes levées, et cependant on hésite encore; la crainte d'ébranler des positions
difficilement faites, de renverser des existences laborieusement construites,
de tarir des sources, même factices de travail, et de laisser ainsi sans

ressources et des fabricans et des ouvriers, arrête souvent des esprits qui ne sont pas cependant sans énergie, mais que la pensée d'un mal présent, fût-il même léger, détourne d'une voie utile pour le plus grand nombre.

Cette sollicitude est louable, mais à la condition seulement de ne pas dégénérer en faiblesse; elle mériterait même un autre nom, si elle aboutissait à conseiller le *statu quo*. S'il est certain, en effet, que les améliorations successives dont l'ensemble doit composer la réforme commerciale, ne peuvent s'accomplir sans quelques froissemens, sans quelques plaintes, l'état de choses actuel ne compte certes pas, parmi les priviléges sur lesquels il est fondé, celui d'être exempt de troubles et de maux. — Mais égalent-ils ceux qu'entraînerait la réforme commerciale?

Je vais un moment supposer que tout ce qui précède ne résout pas cette question; oublions toutes les preuves que l'expérience et la raison nous ont apportées en réponse, si variées et si décisives. Nous avons demandé de ces preuves aux peuples qui nous précèdent dans la voie de la réforme, ou aux économistes, ou à nos ports de mer, ou à notre première ville de fabrique; oublions-les aussi. Pour les partisans du système restrictif, ces argumens sont tous d'ailleurs de mauvais aloi; gens de politique profonde, ils ne sont pas dupes, on le sait, de l'Angleterre; tous les faits tirés de là, quels qu'ils soient, sont par eux jugés d'un mot : *C'est un piége.* Quant aux États-Unis, un peuple républicain n'a rien à leur enseigner. La Suisse sera mise hors de cause pour la même raison sans doute; la Saxe, comme un petit état qui n'a rien à apprendre à une grande puissance; le régime colonial de l'Espagne, comme l'erreur d'un pays mal gouverné; les enseignemens de l'économie politique, comme les aberrations d'une science qui n'est pas fixée; les plaintes de Bordeaux, du Hâvre, de tous nos ports de mer, comme les égoïstes exigences de négocians avides et mauvais Français; enfin, les efforts de Lyon pour la réforme commerciale, et ses premiers succès en ce qui concerne les soies, comme une exception.

Nous ferons donc tous ces sacrifices à l'opinion de messieurs les prohibitionnistes. La réforme commerciale demeurera-t-elle par là désarmée devant eux? En vérité, non; ses plus décisifs argumens lui resteront encore, et ceux-là sans doute ne paraîtront pas à ses adversaires d'aussi peu de poids et de valeur; ils se sont chargés eux-mêmes de les leur fournir; c'est à leurs plus récens écrits que nous allons les demander.

La circulaire du ministre du commerce, faisant connaître sa volonté d'ouvrir une enquête, afin de s'assurer si les prohibitions qui restent dans notre tarif de douanes peuvent être remplacées par des droits protecteurs, a soulevé d'orageuses récriminations. Depuis quelques jours, ce ne sont plus que réponses des chambres de commerce ou comités consultatifs d'arts et manufactures. Ouvrons-les.

Commencerons-nous par celle d'Amiens? Voici la conclusion :

« Le gouvernement doit se borner :

« 1° A retirer le plus promptement possible les droits d'entrée sur les matières étrangères, qui n'ont été mis que dans l'intérêt du fisc ;

« 2° A alléger, autant que le permettront les besoins de l'état, tous les impôts qui, pesant directement sur la classe ouvrière, tendent à augmenter le prix de la main-d'œuvre ;

« 3° A examiner avec attention ceux des droits d'entrée sur des matières premières qui ont pour but de protéger l'agriculture ou la production de nos colonies, afin de reconnaître s'ils atteignent le but que l'on s'était proposé en les établissant ;

« 4° A rechercher les causes qui rendent notre navigation la plus chère de toutes celles connues, afin d'y remédier. »

Qu'est-ce que les impôts qui, pesant directement sur la classe ouvrière, tendent à augmenter le prix de la main-d'œuvre? Apparemment, et sans compter le droit sur les vins et les octrois, ce sont tous les impôts qui rendent aux ouvriers leur pain, leurs combustibles, leur viande, leurs vêtemens, leur sucre, trop chers. En impôts de ce genre, nous avons les lois des céréales, le tarif sur les laines, sur les bestiaux, sur les cotons et les charbons de l'étranger; nous avons les droits sur les fers qui font renchérir les bois; nous avons le régime colonial qui nous fait payer le sucre de nos Antilles, cultivant sous l'empire du monopole, près du double de ce que nous coûterait le sucre de Cuba et de Porto-Rico, dont la liberté féconde le territoire.

Quels sont les droits d'entrée sur les matières premières qui ont pour objet de protéger l'agriculture ou nos colonies, et qui n'atteignent pas le but que l'on s'était proposé? Ne sont-ce pas encore les droits sur les fers, sur les céréales, sur les laines, sur les sucres?

Pour quelles causes notre navigation est-elle plus chère que toutes celles connues? Le régime colonial, les droits sur les fers et sur les bois, sont au nombre de ces causes, sans doute.

Maintenant, par rapport au système restrictif, qu'est-ce donc que les droits sur les céréales, sur les fers, les laines, les houilles, les bois, les sucres, les bestiaux, sinon les fondemens même de ce système? Qui s'attaque ainsi aux bases de cette antique institution? D'honorables fabricans, tous dévoués au gouvernement, et qui déclarent, actifs, intelligens, économes, loyaux, comme ils le sont, qu'à cause de ces droits, qui *pèsent directement sur l'ouvrier*, c'est-à-dire sur la masse des *consommateurs* et des *travailleurs*, ils sont hors d'état de soutenir la concurrence étrangère, et que la prohibition des tissus étrangers, la prohibition absolue, doit leur être maintenue jusqu'à ce que toutes ces réformes soient faites, et qu'on *en ait obtenu les effets qu'on en peut naturellement espérer.*

Mais ce n'est là peut-être qu'une erreur ou qu'une exagération d'Amiens. Voyons Louviers.

« Qu'une diminution graduée et bien conçue des droits et des matières premières fasse cesser des désavantages trop marqués ;

« Que la diminution des impôts, et quelques améliorations au sort de la classe ouvrière, permettent l'abaissement des salaires. »

C'est, on le voit, la même demande qu'Amiens, la même atteinte aux bases du système restrictif. Que dit Sedan ?

« Tout ce qui sert à la production des tissus de coton et de laine ne coûte-t-il pas plus en France que chez nos rivaux ? Il est juste et rationel de procéder d'abord, par tous moyens sagement calculés, à l'abaissement des prix de *toutes les matières premières*, »

Lille, Rouen, Roubaix, Mulhouse, Tarare, concluent de même en établissant toute leur défense sur le haut prix des matières premières. Or, je le répète, qu'est-ce que le haut prix des matières premières, si ce n'est la base, et la première et la plus grave conséquence du système restrictif ?

Quant à la conclusion dernière de ces villes, savoir, que les prohibitions ne soient levées qu'après que tous les droits sur les matières premières auront été réduits ou abolis, ou, en d'autres termes, que l'on conserve ce que le système douanier a de plus absolu et de plus rétrograde après qu'on l'aura détruit dans ses fondemens, c'est une prétention si exorbitante, c'est une naïveté d'égoïsme si outré, qu'elle ne me paraît pas mériter discussion.

Comment la Prusse et la Suisse, qui n'ont certes pas pour la fabrication des étoffes de coton les avantages de la Belgique et de l'Angleterre, ont-elles donc en ce genre de si beaux établissemens ? l'une n'a ni droits ni prohibitions, et l'autre n'a pas de prohibitions. Dans tous leurs mémoires, si développés cependant, tous les fabricans qui demandent la prohibition, ont oublié de prouver qu'alors qu'on leur rendra les conditions de travail plus avantageuses, par des baisses de droits sur les matières premières, il ne sera pas juste de leur susciter une concurrence plus active, afin que le consommateur ait sa part des bénéfices qu'on aura assurés à la fabrique. Aveuglement ou cupidité, il y a dans cet oubli ou dans cette prétention quelque chose d'indécent, et dont s'indigne le caractère national. Avec de tels enseignemens, l'opinion publique se fait et se mûrit bien vite. —

De toutes façons, on le voit, les meilleurs argumens pour la réforme commerciale, c'est à ses adversaires que nous les devons.

Maintenant, toute la réforme commerciale consistera-t-elle dans cet abaissement gradué et parallèle de tous les droits de douanes, en allant plus vite sur ceux qui élèvent le prix des matières premières, afin de donner aux établissemens actuels plus de facilités contre la concurrence étrangère? L'ancienne *économie politique* la conçoit et la désire en ces termes; et il est hors de doute que, par cette voie, il est possible d'arriver, sans secousses graves, à l'abaissement des douanes entre les peuples, à la liberté commerciale pure et simple, état de choses préférable de tous points au système que nous subissons aujourd'hui.

L'*économie sociale* adopte complètement aussi la possibilité, la justice, la nécessité de la réforme commerciale; pour elle aussi, il est évident que l'abaissement successif des droits est une des premières et des plus importantes mesures de cette réforme; mais elle en pose le problème en termes plus élevés et plus larges. Il le présente à elle sous cette forme : *chercher les moyens d'opérer la réforme commerciale la plus rapide, la plus ménagée et la plus féconde:* la plus rapide, dans l'intérêt des consommateurs; la plus ménagée, dans l'intérêt des industries actuelles; la plus féconde, dans l'intérêt de tous.

Il est clair que la solution de ce problème ne se trouverait pas seulement dans la diminution successive des droits de douanes pesant sur les matières étrangères, c'est-à-dire dans l'affaiblissement gradué d'un moyen *répulsif.* L'industrie nationale ne pourrait marcher très vite en présence des difficultés que lui susciterait un très rapide abaissement des droits à l'abri desquels elle s'est habituée à travailler, qu'à la condition d'être fécondée par une impulsion directe. Quels peuvent être ces moyens? Ils sont nombreux; au premier rang, nous mettrons de plus faciles approvisionnemens et de plus larges et de plus économiques débouchés, ou de meilleures voies de communication. Ceci est dans la puissance du gouvernement. L'autorité centrale, l'autorité locale, ont, entre leurs mains, d'immenses moyens à cet égard : il ne faut que vouloir. En même temps que le principe de la réforme commerciale viendrait s'inscrire dans notre système de douanes, que le gouvernement jette donc les bases d'un vaste ensemble de travaux publics *conçus dans une pensée de liberté commerciale,* c'est-à-dire un système de voies de communication qui prendrait pour centres nos grands foyers de production de matières premières ou d'objets d'importantes fabrications, et leur donnerait les matières premières ou les débouchés à plus bas prix. Dans la conception et la confection de ce plan, il y a pour le corps des ponts-et-chaussées, ce corps, l'un des meilleurs véhicules de la prospérité nationale, quand son organisation sera complétée et mise en harmonie avec le régime départemental et municipal; il y a, dis-je, matière à un travail qui porterait ce corps bien haut dans la reconnaissance du pays. Je ne parle pas ici du mode d'exécution ; question grave, mais secondaire.

A côté de cette mesure, on peut, entre autres, concevoir les suivantes pour la protection et l'impulsion directe de notre industrie, en même temps qu'on abandonnerait le système de protection par répulsion de la concurrence étrangère :

Admision annuelle à l'École Polytechnique de 200 élèves de plus que n'exigent les services publics actuels;

Création d'écoles d'industrie et de manufactures sur le plan des écoles des mines et des ponts-et-chaussées de Paris et de Saint-Étienne, dans nos principales villes de fabrique ; répartition des 200 élèves sortant annuellement de l'École Polytechnique entre ces écoles;

Création d'écoles analogues à celles de Châlons et d'Angers;

Lois obligeant les départemens à s'imposer 1 ou 2 centimes additionnels pour la création d'écoles primaires de dessin industriel, de géométrie descriptive, de mécanique et de chimie industrielle élémentaire;

Création d'une nouvelle classe à l'Institut pour la représentation de l'industrie; mode d'élection libéral des membres de cette classe par les principales villes manufacturières;

. Enquête perpétuelle ouverte à l'étranger sous la direction de cette classe, ayant des membres voyageurs, constamment occupés à recueillir les procédés, les échantillons, et tous les modes d'organisation d'atelier que présenteraient les industries étrangères ;

Publicité continuelle et gratuite de ces recherches, dans toutes les fabriques et pour tous les intéressés;

Prix de grande valeur décernés par cette classe pour les grandes inventions, et aussi pour les ouvrages élémentaires mettant l'industrie à la portée de la classe ouvrière; immense diffusion de ces livres;

Banque commanditaire des élèves des écoles industrielles, dirigée par cette classe, assistée de trois députés et de trois pairs nommés par leurs chambres, présidée par le ministre du commerce ;

Prix et décorations pour les contre-maîtres et les ouvriers les plus distingués;

Réorganisation de l'institution des prudhommes; large emploi de l'arbitrage dans les relations de l'ouvrier et du maître;

Réunion du ministère des travaux publics au ministère du commerce. La même pensée doit conduire ces deux ministères dans le même but d'affranchissement et d'impulsion de notre industrie ; la même pensée doit présider à l'accomplissement des deux principales mesures indiquées pour la réforme commerciale, savoir :

Abaissement gradué de tous les droits de douanes;

Système de travaux publics conçu dans la vue de la réforme.

L'agriculture et le commerce devraient être développés par des mesures analogues à celles que je viens d'esquisser pour l'industrie ; je n'y ai pas fait entrer la reconstitution de l'impôt, ni les autres grandes améliorations sociales, qu'un temps plus éloigné doit amener ; mon but a été seulement de faire concevoir la possibilité d'un nouveau *système protecteur*, qui, prenant la place du *système restrictif*, sous lequel nous nous débattons aujourd'hui, substituerait, dans le temps le plus court, et le plus utilement pour tous, au privilége, le droit ; à la répulsion de l'industrie étrangère, l'incitation de l'industrie nationale ; à la prohibition, la liberté des échanges ; à la contrebande, le commerce loyal ; au *laissez-faire*, l'initiative gouvernementale ; à la guerre de douanes, la division du travail et la paix entre les peuples.

STÉPHANE FLACHAT.

TRAITÉ D'UNION COMMERCIALE

ENTRE LA PRUSSE, LA BAVIÈRE, LE WURTEMBERG, L'ÉLECTORAT DE
HESSE ET LE GRAND-DUCHÉ DE HESSE; conclu le 22 mars 1833. —
ADHÉSION DE LA SAXE, le 30 mars. — ADHÉSION DES PRINCIPAUTÉS
D'ANHALT ET DU DUCHÉ DE SAXE, le 11 mai. — Echange des
ratifications, le 12 novembre 1833 (1).

Les puissances contractantes, continuant à s'occuper avec une vive sollicitude de
tout ce qui peut contribuer à faciliter et à étendre la liberté et les communications
du commerce et de l'industrie dans leurs états, et par suite dans toute l'Allemagne,
ont fait ouvrir des négociations dans le but de donner plus de développement aux
traités qui existent entre elles sur lesdits objets, et à cet effet elles ont donné pleins
pouvoirs........ — Suivent les noms des négociateurs. —

Lesquels ont conclu la convention suivante, sous la réserve de ratification :

ARTICLE 1er. — Les associations de douanes existant actuellement entre lesdits
états, formeront à l'avenir, au moyen d'un système commun de douanes et de
commerce, une association générale qui embrassera tous les pays compris dans
lesdites associations.

ART. 2. — Dans cette association générale sont compris aussi les États qui ont
déjà accédé, soit avec la totalité de leur territoire, soit avec une partie d'i-celui,
au système de douanes et de commerce d'un ou de plusieurs des États contractans,
sauf toutefois les rapports particuliers qu'ils ont en vertu de leur traité d'accession,
avec les États avec lesquels ils ont conclu ces mêmes traités.

ART. 3. — Par contre, resteront provisoirement exclues de l'association générale les parties de pays des États contractans qui, à cause de leur situation, ne
sont entrées jusqu'à présent ni dans l'association de douanes de la Prusse avec la
Hesse, ni dans celle de la Bavière avec le Wurtemberg, et qui, par le même
motif, ne sont pas propres à être admises dans la nouvelle association générale.

Cependant on maintiendra les dispositions actuellement existantes qui ont pour
but de faciliter le commerce de ces parties de pays avec le reste du territoire auquel elles appartiennent.

De nouvelles faveurs de ce genre ne pourront être accordées que du consentement
commun des États contractans.

ART. 4. — Dans les territoires des États contractans, il y aura des lois conformes sur les droits d'entrée, de sortie et de transit; mais les modifications qui,
sans nuire au but commun, résulteront nécessairement, soit de l'esprit de la législation générale de chacun des États contractans, soit des intérêts locaux, seront
faites par chacun des États.

Pour cette raison, en établissant le tarif des douanes, on pourra faire, relativement au droit d'entrée et de sortie de certains articles peu propres au grand commerce, et relativement aux droits de transit, selon que la direction des routes du

(1) Voyez l'article sur la *Réforme commerciale*.

rommerce l'exige, de telles exceptions aux principes de perception généralement adoptés, qui sembleraient particulièrement désirables pour tel ou tel État, pourvu cependant que ces exceptions ne soient pas préjudiciables aux intérêts généraux de l'association.

L'administration des droits d'entrée, de sortie et de transit, et l'organisation des autorités qui en seront chargées dans tous les pays de l'association générale, seront mises sur le même pied, mais sans perdre de vue les relations particulières qui existent dans ces pays.

Les lois et réglemens qui seront assimilés sous ces points de vue par les états contractans sont : La loi des douanes, le tarif des douanes, le réglement des douanes.

Ils seront regardés comme parties intégrantes de la présente convention et publiés ensemble avec elle.

ART. 5. — Aucun changement, ni addition, ni exception, ne pourra être fait à la législation des douanes, y compris le tarif des douanes et le réglement des douanes (art. 4), que du consentement des parties contractantes, et que de la même manière qu'a lieu l'adoption des lois. Cette clause s'étend à toutes les dispositions qui établissent des règles tendantes à changer, en général, l'administration des douanes.

ART. 6. — Dès l'exécution de la présente convention, il y aura entre les états contractans liberté de commerce et de communications et communauté de droits de douane, le tout, conformément aux dispositions contenues dans les articles suivans.

ART. 7. — A partir de ladite époque, tous les droits d'entrée, de sortie et de transit cesseront d'être perçus aux frontières communes de l'association de douanes, qui ont existé jusqu'à présent entre la Prusse et la Hesse, la Bavière et le Wurtemberg.

En conséquence, tous les objets qui se trouvent en libre circulation dans l'un desdits territoires, pourront être introduits dans les autres librement et sans charges, à la seule réserve :

1° Des objets appartenant au monopole d'état, *cartes à jouer et sel*, suivant les art. 9 et 10.

2° Des produits indigènes qui, à l'intérieur des états contractans, sont sujets à des droits inégaux ou bien qui paient dans un des états des droits, et en sont exempts dans un autre, ce qui les rend passibles d'un droit d'égalisation, suivant l'art. 11. Enfin,

3° Des objets qui ne pourront être importés ou contrefaits sans violer les brevets d'invention ou privilèges accordés par l'un des états contractans, et qui, par conséquent, doivent être exclus de l'état qui a donné ces brevets ou privilèges pendant toute la durée de ceux-ci.

ART. 8. — Sans préjudicier en rien à la liberté du commerce et à l'exemption des droits stipulés dans l'art. 7, le transport des objets de commerce qui, suivant le tarif des douanes communes, sont sujets à un droit d'entrée ou de sortie en passant les frontières extérieures, ne pourra se faire des royaumes de Bavière et de Wurtemberg, dans le royaume de Prusse et les pays de l'électeur de Hesse et du grand-duc de Hesse et *vice versâ*, qu'en suivant les routes et chaussées ordinaires et par les rivières navigables. A cet effet, il sera établi aux frontières intérieures

4

des bureaux de déclaration où les conducteurs des marchandises seront tenus de présenter leur lettre de voiture ou bulletin de transport, et d'indiquer les objets qu'ils sont chargés de transporter d'un territoire dans l'autre.

Cette disposition n'est applicable ni au commerce de productions brutes en petites quantités, ni au petit commerce de frontière ou de foire, ni aux bagages des voyageurs. On ne fera non plus aucune vérification des marchandises, si ce n'est dans le cas où la sûreté de la perception des droits d'égalisation (art. 7) pourrait l'exiger.

ART. 9. — Relatif au maintien des prohibitions ou restrictions à l'entrée des cartes à jouer.

ART. 10. — Réglement relatif au sel. — Le sel étant l'objet de droits indirects dans chacun des états contractans, des mesures sont prises pour assurer les droits à chacun des états, et empêcher le passage du sel de l'un dans l'autre, sauf les conventions particulières que pourraient faire à cet égard les états contractans entre eux.

ART. 11. — Relatif aux droits complémentaires, ou *droits d'égalisation*, que les divers états devront se payer pour l'importation réciproque des diverses matières soumises à des droits indirects différens, savoir : Pour la Prusse, la bière, l'eau-de-vie, le tabac, le moût de raisin, et le vin ; pour la Bavière et le Wurtemberg, la bière, l'eau-de-vie, la drèche bruisinée ; pour l'électorat de Hesse, les mêmes articles que la Prusse ; et pour le grand-duché de Hesse, la bière.

Les droits d'égalisation sont égaux à la différence qu'il y a entre l'impôt légal qui frappe la marchandise dans le pays de sa destination, et l'impôt qui la frappe dans le pays de son origine.

Les droits existans en Prusse sur la bière, l'eau-de-vie, le tabac, le moût de raisin et le vin doivent toujours former le maximum des droits d'égalisation d'un pays à l'autre. Ces cinq articles et la drèche sont les seuls qui pourront être soumis à des droits d'égalisation.

Dans tous les états où l'on percevra un droit d'égalisation sur le tabac, le moût de raisin et le vin, on ne pourra, dans aucun cas, ni conserver, ni établir un autre impôt sur ces articles, ni pour compte du gouvernement, ni pour compte des communes.

ART. 12. — Relativement aux droits de communication qui sont perçus, dans toute l'étendue des pays associés, sur d'autres marchandises que celles mentionnées dans l'art. 11, ainsi que relativement aux impôts qui pèsent sur les boissons dans le grand-duché de Hesse, il y aura dorénavant une égalité complète et réciproque, de manière que les productions d'un autre état ne pourront être grevées de charges plus fortes que les productions indigènes.

Le même principe sera appliqué aux impositions additionnelles et aux octrois qui sont perçus pour le compte de telle ou telle commune, c'est-à-dire en tant que de pareilles impositions ne sont pas, en général, inadmissibles suivant l'art. 11.

ART. 13. — Les états contractans renouvellent réciproquemment l'adoption du principe que les droits de chaussée ou les autres droits qui les remplacent, comme, par exemple, l'augmentation fixe des douanes établie sur l'entrée des marchandises dans les royaumes de Bavière et de Wurtemberg pour suppléer aux droits de route, les droits de pavé, de digue, de pont et de transport, ainsi que tous les autres droits de ce genre, quels que soient les noms sous lesquels ils aient été établis, et sans distinction s'ils sont perçus pour le compte de l'état, ou d'un particulier ou d'une commune, ne pourront être conservés ou établis, qu'en tant qu'ils sont proportionnés aux frais ordinaires de réparation et d'entretien.

Les droits de chaussée existant actuellement en Prusse, conformément au tarif de 1828, seront regardés comme le maximum et ne pourront dorénavant être surpassés par aucun des états contractans.

En vertu du principe ci-dessus énoncé, les droits de fermeture de portes et ceux de pavé seront abolis partout où il y a des grandes routes. Les droits de pavé seront compris dans les droits de chaussée, mais de manière que ceux-ci soient perçus conformément au tarif général.

ART. 14. — Les gouvernemens contractans promettent de coopérer à établir dans leurs pays respectifs un système uniforme de poids et mesures; ils feront immédiatement entamer des négociations à ce sujet, et ils dirigeront d'abord leurs efforts vers l'adoption d'un poids de douanes commun.

Si les arrangemens à faire sur ces objets ne sont pas encore conclus à l'époque où commencera l'exécution de la présente convention, chacun des états contractans, pour faciliter l'expédition des marchandises et accélérer les opérations des bureaux de douanes, fera réduire, si ce n'est déjà fait, les poids et mesures indiqués dans ses tarifs de douane en les poids et mesures que les autres états contractans ont adoptés dans leurs tarifs. Ces tableaux de réduction seront publiés pour servir de règle aux bureaux de douane et aux commerçans.

Le tarif commun des douanes (art. 4) sera divisé en deux sections, dont l'une sera faite d'après le système monétaire et des poids et mesures de la Prusse, et l'autre, d'après celui de la Bavière.

La déclaration, la pesée et le mesurage des objets sujets aux droits de douane seront faits, en Prusse, d'après les poids et mesures prussiens; en Bavière et en Wurtemberg, d'après les poids et mesures bavarois, dans les pays hessois, d'après les poids et mesures qui y existent légalement. Mais dans les expéditions dé livrées par les bureaux de douane, la quantité des marchandises sera indiquée aussi suivant l'une ou l'autre des deux sections principales du tarif commun.

Jusqu'à ce que les états contractans soient convenus d'un système monétaire commun, le paiement des droits de douane sera fait dans chaque pays selon le titre des espèces d'après lequel se paient les autres impositions du même pays.

Dès à présent les monnaies d'or et d'argent de tous les états contractans, à l'exception des menues espèces, seront reçues dans toutes les caisses de l'association commune de douanes, et à cet effet, on fera publier des tableaux d'évaluation.

ART. 15. — Les droits d'eau ou droits de transport sur les fleuves, y compris les droits qui sont établis sur la capacité des navires, continueront à être perçus réciproquement sur la navigation des fleuves auxquels sont applicables les stipulations du congrès de Vienne, ou des conventions particulières des états, suivant lesdites stipulations, s'il n'y en a pas d'autres qui y soient contraires.

En égard à cette dernière disposition, les états contractans se proposent d'ouvrir immédiatement des négociations relatives à la navigation sur le Rhin et sur ses embranchemens, afin de parvenir à un arrangement en vertu duquel les droits de navigation sur lesdites rivières qui grèvent l'importation, l'exportation et le transit des productions de tous les pays associés, seraient, toujours sauf les droits de récognition, sinon entièrement abolis, au moins considérablement allégés.

Toutes les facilités qu'un des états associés pourrait accorder à ses sujets relativement à la navigation sur lesdites rivières profiteront également à la navigation des sujets des états associés.

Sur les autres rivières auxquelles ne sont applicables ni l'acte du congrès de Vienne, ni d'autres conventions faites entre des états, les droits d'eau seront perçus conformément aux ordonnances des gouvernemens respectifs. Cependant sur ces rivières aussi, les sujets des états contractans, et leurs marchandises et navires, seront traités avec une parfaite égalité.

Art. 16. — A partir du jour où le règlement commun de douanes de l'association sera mis à exécution, cesseront d'être perçus tous les droits d'étape et de relâche qui existeraient encore dans les territoires compris dans l'association de douanes, et personne ne pourra être forcé à expédier ou emmagasiner ses marchandises, que dans le cas prévu par ledit règlement commun de douanes, ou le règlement de navigation légalement en vigueur.

Art. 17. — Aucun droit de canal, d'écluse, de pont, de route, de port, de pesée, de grue et d'entrepôt, ni aucune prestation au profit d'établissemens destinés à faciliter les communications, ne pourront être exigés que pour l'utilisation réelle de pareils établissemens et objets. Ces droits et prestations ne seront pas augmentés, et chaque état les percevra des sujets des autres états contractans, d'après la même échelle et de la même manière qu'il les perçoit de ses propres sujets.

Partout où il existe une balance ou une grue destinée exclusivent à l'usage du contrôle des douanes, il ne pourra être perçu de la part des employés de la douane aucun droit de pesée sur les marchandises qui ont été une fois pesées.

Art. 18. — Les états contractans continueront à employer leurs efforts pour, au moyen de l'adoption de principes uniformes, faciliter les progrès de l'industrie et donner la plus grande latitude à la faculté qu'ont les sujets de chacun d'eux d'aller chercher du travail et des moyens d'existence dans les autres états de l'association.

A partir de l'époque où la présente convention sera mise à exécution, les sujets d'un des états contractans qui cherchent du travail en exerçant un commerce ou une industrie sur le territoire d'un des autres états, ne paieront aucune imposition qui ne soit égale à celle que paient les sujets indigènes qui exercent la même profession.

Ne paieront aucune imposition pour les affaires qu'ils font dans un état autre que celui où ils sont domiciliés, les fabricans ou industriels qui ne font des achats que pour leurs établissemens, et les voyageurs qui portent avec eux non des marchandises, mais des échantillons de marchandises, afin d'obtenir des commandes; toutefois, ces personnes ne jouiront de cette exemption que dans le cas où ils auraient acquis, dans l'état où est leur domicile, la permission d'exercer leur profession, en en payant les impôts, et dans le cas où ils seraient attachés au service de négocians et industriels indigènes payant des impôts.

Ceux des sujets des états contractans qui visitent les marchés et les foires qui se tiennent dans chacun desdits états, pour y exercer leur commerce, ou vendre les productions de leur industrie, seront traités partout comme indigènes du pays où ils se trouvent.

Art. 19. — Les ports de mer de Prusse seront ouverts au commerce des sujets de tous les états associés, moyennant les mêmes droits que paient les sujets de la Prusse même. Les consuls de chacun des états associés qui se trouvent dans les ports de mer ou dans d'autres places de commerce de l'étranger, seront chargés de protéger de toutes les manières et sans distinction les sujets de tous les états contractans.

ART. 20. — Pour protéger leur système général de douanes contre le commerce clandestin, et garantir leurs droits de consommation intérieure de toute fraude, les états contractans ont conclu un cartel commun qui sera mis à exécution aussitôt qu'il sera possible, mais au plus tard à la même époque que la présente convention.

ART. 21. — La communauté de recettes établie entre les états contractans par la présente convention, aura pour objet le produit des droits d'importation, d'exportation et de transit qui seront perçus dans les états prussiens, les royaumes de Bavière et le Wurtemberg, l'électorat et le grand duché de Hesse, y compris les autres pays qui ont déjà accédé aux systèmes de douane des états contractans. Le produit des droits ci-dessus mentionnés sera réparti entre les États contractans, proportionnellement à leur population.

Sont exclus de la communauté, et réservés à la jouissance particulière des gouvernemens respectifs:

1° Les impôts qui sont perçus à l'intérieur de chaque état sur des productions indigènes, y compris les droits d'égalisation dont il a été parlé dans l'art. 11;

2° Les droits d'eau mentionnés dans l'art. 15;

3° Les droits de chaussée, de digue, de port, de route, de canal, d'écluse, ainsi que les droits de pesée, d'entrepôt, et tous les autres droits de ce genre, quels que soient leurs noms;

4° Les amendes de douanes, et les confiscations qui, sauf les parts des dénonciateurs, resteront au gouvernement de chaque état dans toute l'étendue de son territoire.

ART. 22. — Seront déduits des droits qui écheoiront à la communauté:

1° Les frais mentionnés plus bas art. 30.

2° Les remboursemens pour erreurs faites dans les perceptions;

3° Les bonifications et remises faites en vertu d'arrangemens particuliers et communs entre les états associés, lesquelles seront réparties entre lesdits états en proportion de leur population.

La population des états qui ont accédé ou accèderont à l'association de douanes en vertu d'une convention avec un des états contractans, suivant laquelle ce dernier s'oblige à leur faire annuellement un paiement pour leur tenir lieu de la part qui leur reviendrait dans les revenus des douanes communes, sera ajoutée à celle de l'état contractant qui fournit ledit paiement.

Chacun des états contractans fera, tous les trois ans, à une époque qui sera ultérieurement fixée, un recensement de sa population. Lesdits états sont tenus de se communiquer réciproquement ledit recensement.

ART. 23. — Tous les priviléges accordés aux industriels relativement au paiement des impôts qui ne sont pas basés sur la législation des douanes elle-même, seront à la charge des finances du gouvernement qui les aura accordés.

La fixation de l'échelle d'après laquelle de pareils priviléges pourront être accordés sera réservée à des négociations ultérieures.

Art. 24. — Conformément au but de l'association de douanes qui est de développer le mouvement libre et naturel des communications générales, les privilèges en matière de douane accordés à de certaines places de foire, et notamment les privilèges de rabais, ne pourront être étendus. Au contraire, ils seront, tant par rapport aux relations locales que par rapport aux relations avec l'étranger, restreints autant que possible, et peu à peu abolis entièrement. De nouveaux privilèges de ce genre ne pourront être concédés dans aucun cas sans le consentement de toutes les parties contractantes.

Art. 25 et 26. — Réglementaires pour les articles destinés à l'usage des cours et maisons princières, et pour le droit de faire remise de peines et amendes.

Art. 27. — Chacun des gouvernemens contractans nommera dans son territoire les fonctionnaires et employés qui seront chargés, dans les divers districts et localités, de la perception et de la surveillance des douanes. Les bureaux de douane seront établis et occupés d'après les déterminations conformes qui sont contenues dans la convention spéciale qui a été faite à ce sujet.

Art. 28. — Réglementaire sur l'organisation des directions de douanes laissée à chacun des états.

Art. 29. — Les extraits trimestriels seront faits tous les trois mois par les bureaux chargés de la recette des douanes, et les comptes définitifs seront faits après la fin de l'année et la clôture des livres, et indiqueront respectivement les perceptions échues dans le courant du trimestre, et pendant l'année de comptabilité; ces extraits et bilans seront remis aux directions respectives de douanes, qui, après examen, les réuniront en aperçus généraux. Ces aperçus seront envoyés au bureau central auquel chaque gouvernement a le droit de nommer un fonctionnaire.

Ce bureau établit, tous les trois mois, d'après les pièces susdites, les comptes courans provisoires entre les états associés. Il adresse ces comptes aux administrations centrales de finances desdits états, et prépare la liquidation définitive de toute l'année.

S'il résulte des comptes courans trimestriels que la recette réelle d'un des états associés est arriérée d'une somme plus forte que le montant d'un mois comparativement à la part des revenus qui lui revient, on prendra sur-le-champ des mesures pour remplir ce déficit, en invitant les états qui ont fait des recettes excédantes, à faire des versemens.

Art. 30. — Relatif aux frais; chaque gouvernement prend à sa charge les frais de perception et administration faits sur son territoire.

Art. 31. — Les états contractans s'accordent les uns aux autres le droit d'adjoindre aux officiers principaux de douane établis sur les frontières de leurs pays respectifs, des contrôleurs qui prendront connaissance de toutes les affaires desdits offices et des offices auxiliaires qui sont relatives aux observations d'expédition et à la surveillance des frontières. Ces contrôleurs pourront veiller à l'observation des lois et contribuer à réformer les abus, mais ils s'abstiendront de faire des dispositions de leur autorité privée.

C'est dans le règlement de service qui sera ultérieurement arrêté qu'on déterminera jusqu'à quel point les contrôleurs prendront part aux affaires courantes.

Art. 32. — Chacun des états contractans a le droit d'envoyer aux directions des douanes des autres états associés des fonctionnaires chargés de prendre une connaissance complète de toutes les affaires administratives qui ont rapport à la communauté établie par la présente convention.

Des instructions spéciales détermineront les droits d'examen qu'auront lesdits fonctionnaires. Les états auprès desquels ces fonctionnaires seront envoyés auront envers eux la plus grande franchise relativement à tous les objets de l'administration commune des douanes, et leur faciliteront les moyens d'obtenir sur ce point tous les renseignemens qu'ils pourraient désirer. De leur côté, tous lesdits fonctionnaires emploieront tous leurs soins afin d'aplanir et d'apaiser les difficultés qui pourraient naître, et cela, d'une manière qui réponde au but que se proposent les états associés et aux relations qui existent entre eux.

Les ministères de tous les états associés se donneront, les uns aux autres, sur leurs demandes, tous les renseignemens désirables sur les affaires de douanes communes, et s'il devient nécessaire d'envoyer à ce sujet un fonctionnaire public auprès d'un des gouvernemens associés, ou bien d'y tenir un plénipotentiaire, il sera donné à de tels envoyés, suivant le principe ci-dessus posé, toutes les facilités pour pouvoir prendre une connaissance complète de l'état de l'administration des douanes communes.

ART. 33. — Tous les ans, dans les premiers jours de juin, aura lieu une réunion des plénipotentiaires des gouvernemens associés, dans laquelle il sera délibéré sur les affaires de l'association; chaque gouvernement y enverra un plénipotentiaire.

Pour diriger leurs délibérations, les plénipotentiaires éliront parmi eux un président, mais qui du reste ne jouira d'aucune prérogative sur ses collègues.

La première réunion aura lieu à Munich. A la fin de chaque réunion annuelle, on déterminera le lieu où la prochaine réunion sera tenue. Et en cela, on prendra en considération la nature des affaires qui seront traitées dans la conférence de l'année suivante.

ART. 34. — Dans les attributions des conférences des plénipotentiaires se trouvent :

1° La discussion des griefs et abus relatifs à l'exécution de la convention fondamentale et des conventions particulières, de la loi des douanes, du règlement des douanes, des tarifs, etc., qui auraient été observés dans tel ou tel état associé, et auxquels il n'aurait pas été remédié dans le courant de l'année, malgré la correspondance à cet effet entre les ministères;

2° Le règlement définitif des comptes de la recette commune des états associés, règlement qui sera basé sur les renseignemens fournis par les officiers supérieurs des douanes et présentés par le bureau central, lesquels renseignemens doivent être tels qu'on puisse faire l'examen des comptes avec l'exactitude qu'exigent les intérêts généraux de l'association;

3° Des délibérations sur les désirs et les propositions qui pourraient être faites, par l'un des états associés relativement à l'amélioration de l'administration;

4° La discussion des changemens qu'un des états de l'association pourrait proposer de faire dans la loi des douanes, le tarif des douanes, le règlement des douanes, et l'organisation de l'administration. Enfin s'occuper, en général, du développement et du perfectionnement du système commun des douanes et du commerce.

ART. 35. — Si, dans l'intervalle des réunions ordinaires des plénipotentiaires, il arrivait des évènemens extraordinaires qui exigeassent de promptes mesures et dispositions de la part des états associés, les parties contractantes se concerteront à cet égard par la voie diplomatique, ou bien elles convoqueront une assemblée extraordinaire de leurs plénipotentiaires.

ART. 36. — Les dépenses des plénipotentiaires et celles des employés dont ils pourraient avoir besoin, seront payées par le gouvernement qui les envoie.

Les gens de service de la chancellerie et le local seront fournis gratis par le gouvernement sur le territoire duquel la conférence a lieu.

ART. 37. — Si, à l'époque où commencera l'exécution de la présente convention, il n'existe pas déjà, quant aux points essentiels, une conformité de droits d'entrée dans les pays des gouvernemens contractans, ces derniers s'obligent à prendres les mesures nécessaires pour que les revenus de douane de l'association ne souffrent pas de préjudice par l'importation ou l'accumulation de marchandises exemptées de droits, ou qui sont sujettes à des droits moins élevés que ceux portés sur le tarif de l'association.

ART. 38. — Pour le cas où d'autres états allemands manifesteraient le désir d'être admis dans l'association, les hautes parties contractantes se déclarent prêtes à satisfaire ce désir, autant qu'ils le pourront, sans compromettre les intérêts particuliers des membres de l'association. Le cas échéant, ces nouvelles admissions se feront au moyen de conventions qui seront conclues *ad hoc*.

ART. 39. — Les gouvernemens contractans emploieront leurs efforts pour procurer à leurs sujets toutes les facilités et toute la latitude possibles au moyen de traités de commerce avec d'autres états.

ART. 40. — Tout ce qui regarde l'exécution en détail des stipulations contenues dans la présente convention et dans ses annexes, et notamment ce qui regarde l'exécution des déterminations, réglemens et instructions organiques, sera préparé par des commissaires nommés en commun.

ART. 41. — La durée de la convention actuelle qui sera mise à exécution dès le 1er janvier 1834, est provisoirement fixée jusqu'au 1er janvier 1842. Si, pendant cet espace de temps, et au plus tard, deux ans avant son expiration, les contractans ne déclarent pas vouloir faire cesser cette indivision, elle sera regardée comme prolongée pour douze ans, et ainsi de suite, de douze ans en douze ans.

Toutefois, cette dernière stipulation n'a été faite que pour le cas où, dans l'intervalle, tous les états de la confédération germanique n'arrêteraient pas des mesures communes qui rempliraient complètement le but de l'association actuelle des douanes, but qui est conforme à l'intention énoncée dans l'art. 19 de la confédération germanique.

Dans le cas où l'on prendrait, dans tous les états de la confédération germanique, des mesures relatives à la liberté du commerce des vivres, les fixations faites dans ce tarif de l'association, relativement à ce commerce, seront modifiées en conséquence.

IMPRIMERIE DE H. FOURNIER,
RUE DE SEINE, 14.

www.ingramcontent.com/pod-product-compliance
Lightning Source LLC
Chambersburg PA
CBHW032310210326
41520CB00047B/2797